ANDREAS SCHULZE, GERRIT RÖSEL

BIST DU EIN NATURENSOHN?

echt EMF

ANDREAS SCHULZE, GERRIT RÖSEL

BIST DU EIN NATURENSOHN?

BIWAK, BLOCKHAUS, BUSHCRAFT
DAS ULTIMATIVE HANDBUCH

echt EMF

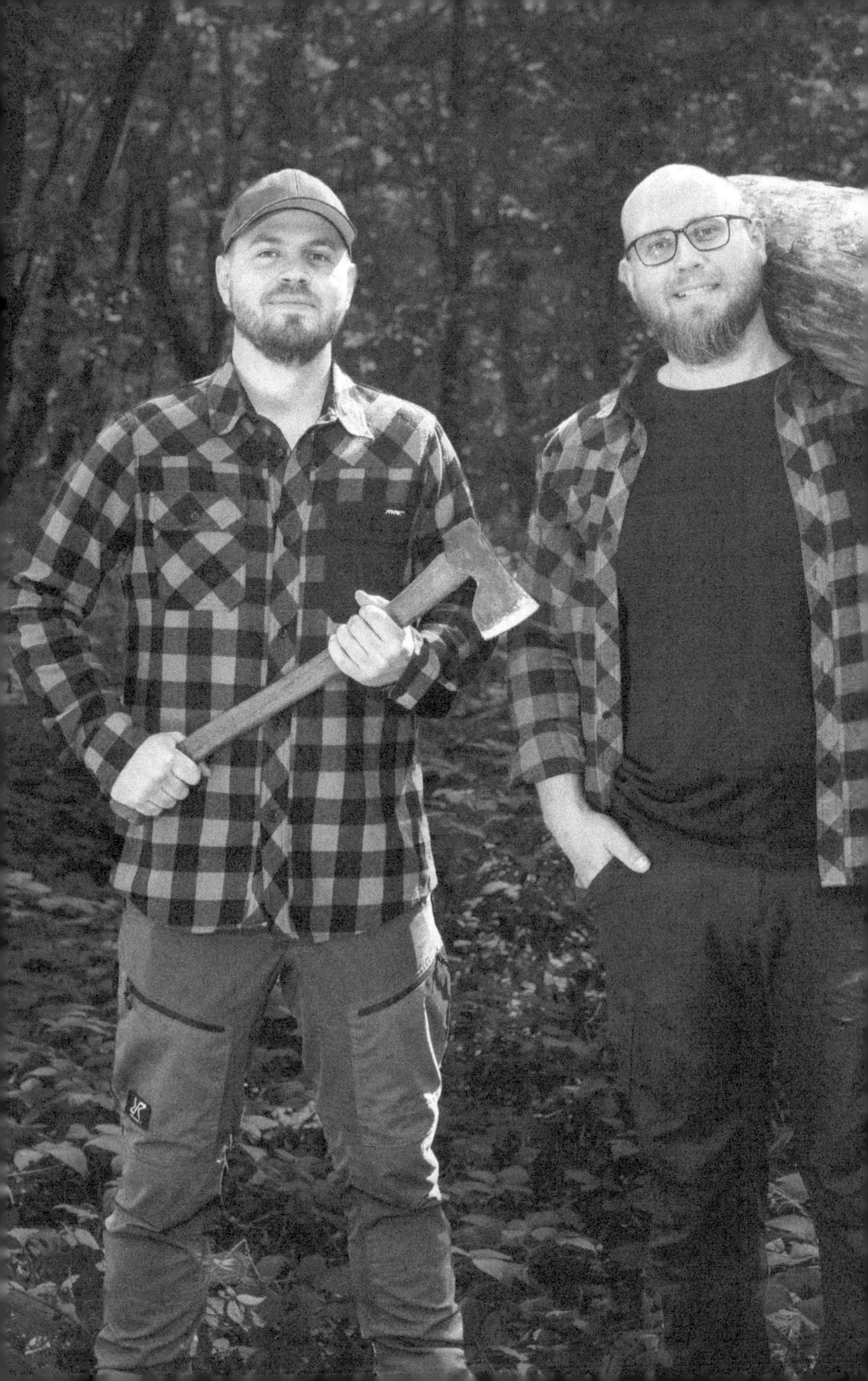

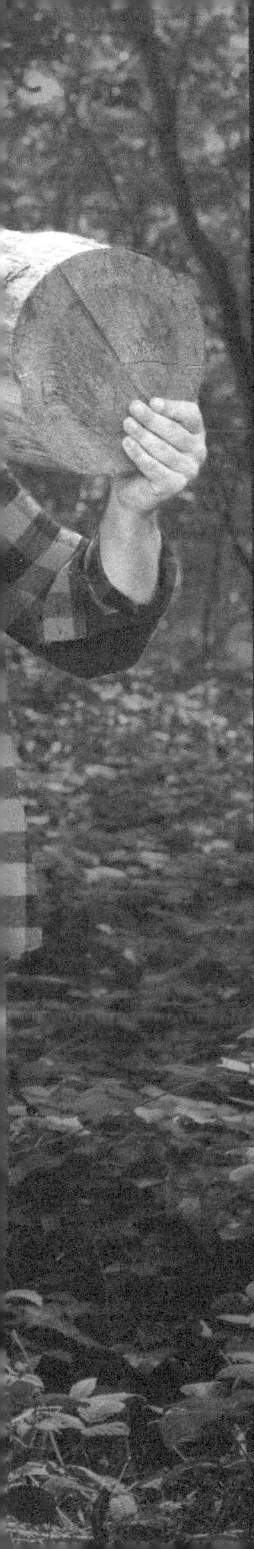

ÜBER DIE AUTOREN

Die **Naturensöhne,** das sind **Andreas Schulze** und **Gerrit Rösel** aus Berlin. Seit ihrer Kindheit bauen die Freunde Baumhäuser und Hütten, ziehen durch die Gegend und sind immer auf der Suche nach einer Outdoor-Challenge. Weil ihnen ihre Abenteuer in der Natur so viel Spaß machen, teilen sie ihre Erlebnisse auf **YouTube**. Unter ihrem Label Naturensöhne stellen sie regelmäßig Videos ins Netz und lassen ihre immer größer werdende Fangemeinde an Feuerstellenbau, Grubenausheben & Co. teilhaben.

FÜR UNSERE FAMILIEN.

FÜR ANDYS VATER, DER VIEL ZU FRÜH GESTORBEN IST.

FÜR GERRITS VERLOBTE SARAH, DIE IHRE NÄCHTE IM LEEREN BETT, DEN LAGERFEUERGERUCH IN DER WOHNUNG UND DEN DRECK IM FLUR IGNORIERT UND UNS STETS UNTERSTÜTZT UND BESTÄRKT.

FÜR UNSERE GROSSARTIGE COMMUNITY, OHNE DIE ES DIESES PROJEKT GAR NICHT GÄBE.

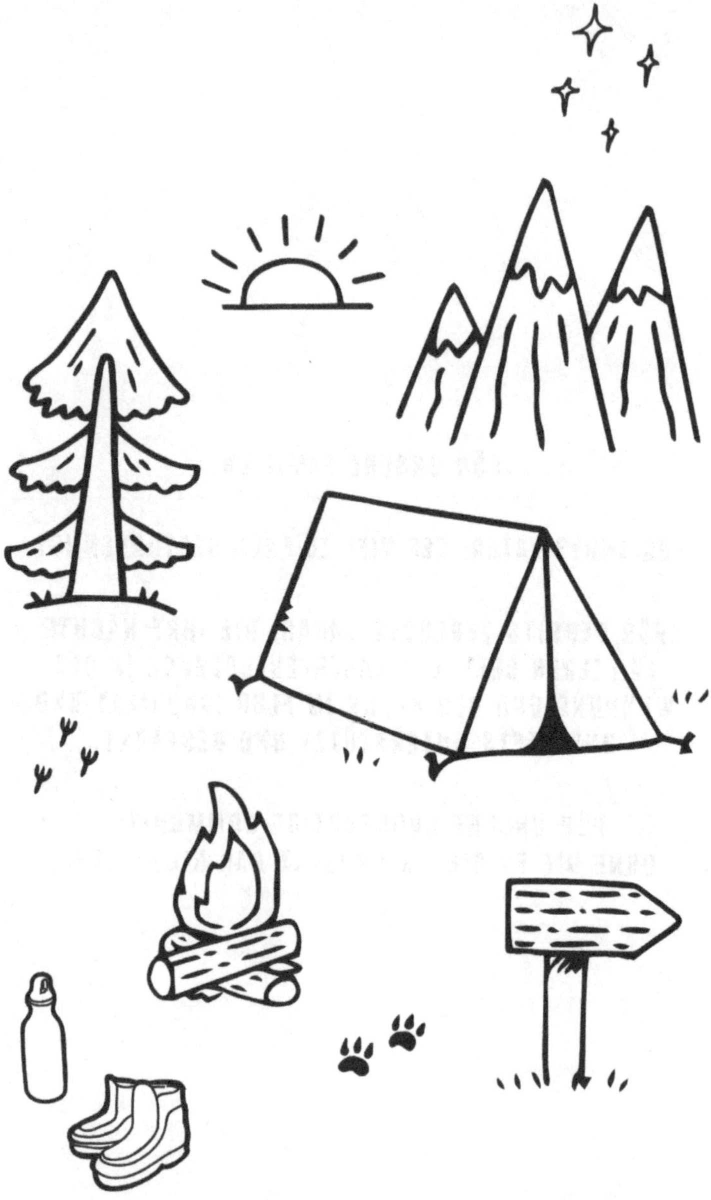

INHALT

VORWORT ODER BEVOR ES LOSGEHT ...

Wenn ihr wissen wollt, wie ihr euch in einen richtigen Naturensohn verwandelt, dann bleibt dabei! Das mit dabeibleiben, diesen Spruch kennt ihr ganz sicher von unseren Videos, und ihr habt uns bestimmt schon bei allen möglichen Dingen zugesehen, vielleicht auch etwas kommentiert oder seid regelmäßig bei unseren Livestreams online. Dafür sind wir unendlich dankbar! Nur durch unsere Zuschauer sind wir selbst zu den Naturensöhnen geworden und dabeigeblieben. Damit ihr unser geballtes Wissen einmal offline parat habt, wenn gerade kein Empfang herrscht oder weil ihr das Gefühl habt, ihr müsstet mal wieder ein paar Zeilen lesen, haben wir in diesem Handbuch alles zusammengetragen. Ihr wisst ja, wie beharrlich wir an unserem Camp herumwerkeln, hier schrauben, dort verbessern, sägen, feilen, einreißen, neu aufbauen. Im Nachhinein müssen wir sagen, das ist eine prima Vorbereitung für ein Buchprojekt. Einige Tipps hier kommen direkt aus der prall gefüllten Schatzkammer unseres YouTube-Kanals, beispielsweise wie ihr euer Tarp aufspannt oder einen Lehmofen baut, andere haben wir ganz neu für euch zusammengetragen und aufgeschrieben.

In Teil 1 geht es vor allem um eure Ausrüstung, was ihr als Grundstock braucht, wenn ihr euch Bushcrafting als neues Hobby zulegt.

In Teil 2 geht es richtig raus in die Natur, zum Wandern, Bauen und Schnitzen und auch ein wenig ans Kochen. Außerdem bekommt ihr von uns buchstäblich Hilfe: Wir sagen euch, was ihr tun könnt, wenn ihr euch verletzt oder verlauft. Wir hoffen, ihr habt genauso viel Freude an unseren Geschichten wie an den Videos.

Was die Ausrüstung anbelangt: Das sind alles nur Tipps von uns, keine Werbung, keine Partnerschaft, sondern Dinge, von denen wir glauben, sie könnten euch nutzen. Wenn ihr andere Marken oder Tools bevorzugt, prima. Jeder sollte finden, was ihm behagt und passt. Denn ist das nicht die Essenz des Bushcraftens, Dinge passend zu machen? So, genug der Vorrede. Jetzt hauen wir rein. Seid ihr bereit?

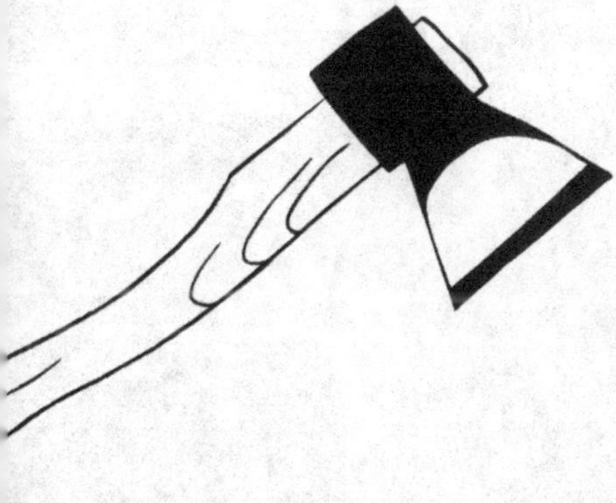

... DANN BLEIBT DABEI!

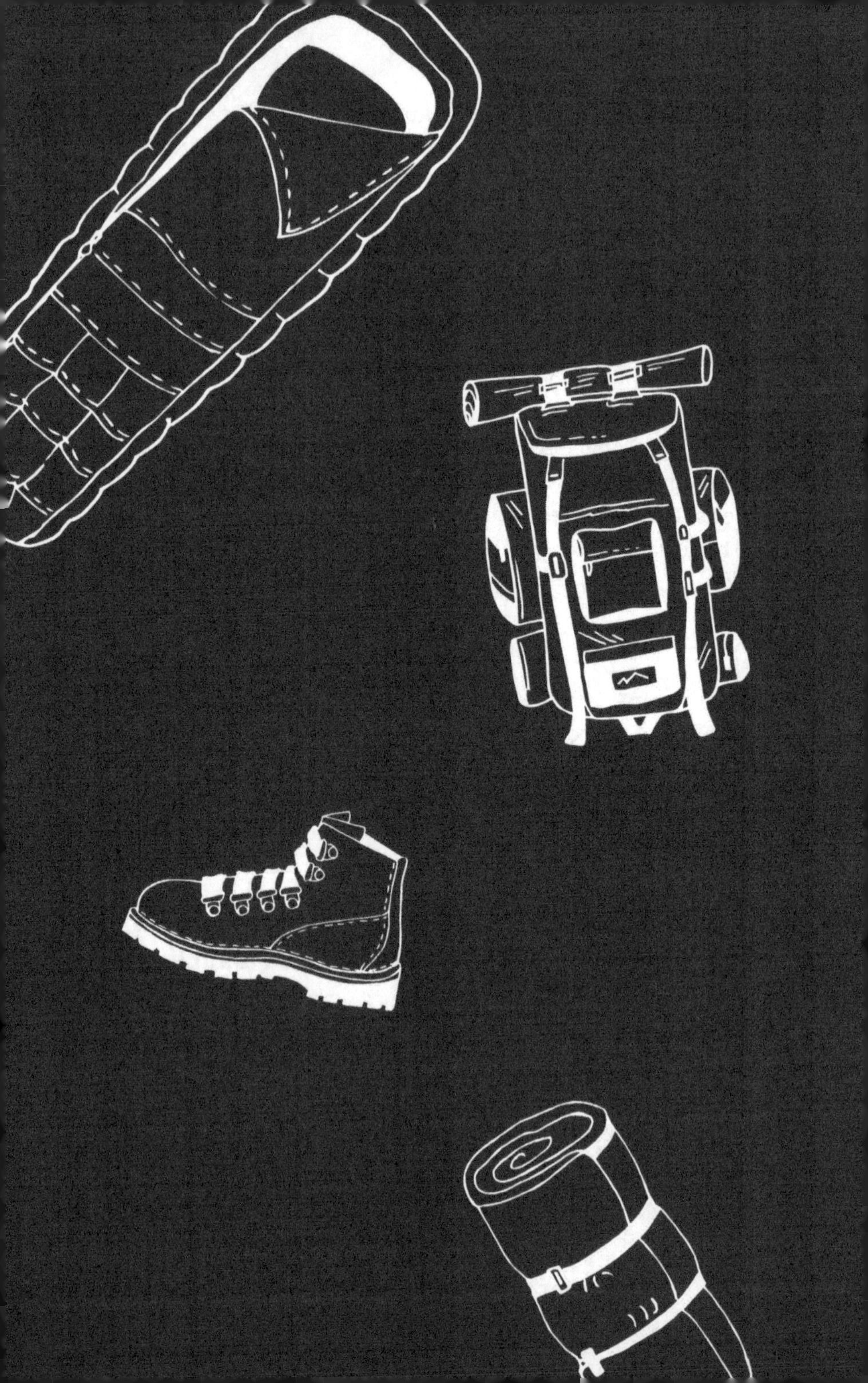

TEIL I

AUSRÜSTUNG & CO.

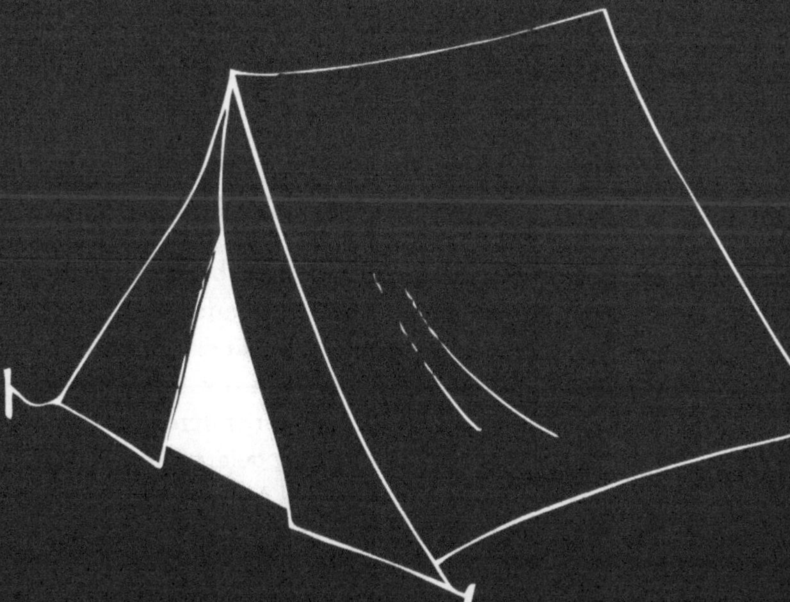

WELCHER NATURENSOHN BIN ICH? – EIN KLEINER TEST ZUM EINSTIEG

Die Menschen sind unterschiedlich, und das gilt auch für die Art und Weise, wie Menschen die Natur entdecken. Der eine wandert mit Begeisterung, legt sich aber am Abend am liebsten in die eigene Koje mit warmen Oberbett. Der andere schläft gerne unter freiem Himmel, kann aber Bushcrafting an sich wenig abgewinnen. Wer unseren Kanal kennt, der weiß, dass wir für euch alle da sind! Damit ihr aber überhaupt lernt, euch selbst einzuschätzen, haben wir einen kleinen Test für euch vorbereitet, den wir euch nach ein paar einleitenden Worten präsentieren.

IMMER SCHON SCHLINGEL GEWESEN

Ob ihr es glaubt oder nicht, wir sind beide nicht unter freiem Himmel zur Welt gekommen und immer dort geblieben, sondern als ganz normale Jungs im Berliner Süden aufgewachsen. Wo man den Fernsehturm höchstens noch erahnen kann und es sich manchmal anfühlt wie in jeder anderen Stadt auch, haben wir uns in der Grundschule kennengelernt. Eigentlich war Gerrit mit Andys Nachbarn befreundet. Andy konnte kaum aus dem Fenster schauen, da war Gerrit schon nebenan. Als wir elf oder zwölf waren, kündigten wir uns nie groß an, sondern klingelten einfach an der Tür. So machten das damals alle. Meistens haben wir dann zu dritt gespielt, am Computer oder auf dem Abenteuerspielplatz. An einem schönen Tag war der Nachbar einmal nicht da, und deswegen hat Gerrit eben bei Andy geklingelt. Es gibt da diese spezielle Ikea-Werbung, in der mit dem Slogan „Ein Klingeln kann die Welt verändern" für Glühlampen geworben wird. Ein Mann klingelt beim anderen, und fortan sind die beiden beste Freunde. Das ist superkitschig, aber genau so war es bei uns. Gerrit fragte nicht nach einer Glühlampe, sondern Andy, ob er Zeit hätte, seitdem sind wir einfach immer zusammen und haben alles gemeinsam unternommen. Für den Nachbarn war das natürlich Pech, weil wir plötzlich ohne ihn das unschlagbare Duo waren. Was wir seitdem außer Schule den ganzen Tag gemacht haben? Ihr könnt jeden fragen, unsere Eltern, die Schwestern, die Nachbarn und unsere Lehrer: Es waren eigentlich genauso Sachen wie das, was wir heute auf dem Naturensöhne-Channel zeigen: Dinge einfach ausprobieren und dabei kindliche Freude empfinden.

Statt eines Grubenhauses war unser erstes großes Projekt eine stinknormale Bretterbude, die wir während der Sommerferien bei Andy im Garten gezimmert haben. Seine Familie war gerade umgezogen, und auf der Baustelle für das Haus gab es jede Menge Europaletten, die von diversen Lieferungen übrig geblieben waren. Niemand hatte mehr Verwendung für sie, was für ein Glück für uns. Massen an Baumaterial für umme! Also haben wir angefangen, herumzuwerkeln. Wir sammelten Nägel auf den Baustellen in der Gegend, bekamen von Andys Vater einen Hammer und eine Fuchsschwanz-Säge, und irgendwann stand da eine richtige Bude mit Dach. Die war dicht, man konnte darin stehen, für uns war das der Kracher. Andys Nachbarin war so beeindruckt, dass sie uns von da an eine stete Dosis Toffifee verabreichte. Wie wir so sind, und da haben wir uns auch nicht großartig verändert, hatten wir mit dem Projekt natürlich nicht genug. Also haben wir das Dach kurz entschlossen wieder heruntergerissen und zum Leidwesen von Andys Eltern noch mehr Baumüll aus der Nachbarschaft gesammelt. Wie die Irren haben wir geackert, und ein paar Tage später standen wir in unserem ersten Obergeschoss, auf unserem Balkon. Das war ein geiles Gefühl. Unsere Eltern waren selbstverständlich auch froh, dass wir so fleißig waren und keinen Quatsch anstellten, wie einander ein Auge mit Pfeil und Bogen auszuschießen.

Vielleicht merkt ihr unserem Kanal an, dass wir jahrelange Erfahrung darin haben, miteinander Dinge auf die Beine zu stellen, und gut Hand in Hand arbeiten. Grämt euch aber nicht, wenn ihr nicht wie wir schon seit Jahren bushcraftet oder gerade erst Freunde gefunden habt, die sich auch für das Thema interessieren. Auf unserem Kanal könnt ihr euch viele konkrete Tipps und Ideen abschauen, hoffen wir, und das Buch sollte euch eine praktische Unterstützung sein, weil wir uns in den Videos meist so auf das Machen konzentrieren, dass so was wie eine richtige Anleitung selten folgt. Diese Lücke soll das Buch für euch schließen und darüber hinaus noch mehr nützliche Infos für euch bereithalten. Wir meinen, dass ihr mit Hilfe dieses Handbuchs ein paar Anschaffungen tätigen und auf eure ersten Touren aufbrechen könnt – und auch wieder heil zurückkehrt.

Wir finden, ihr solltet dazu unbedingt wissen, was für ein Typ Naturkind ihr seid. Seid ihr bereit? Dann los! Beantwortet einfach spontan die nächsten Fragen.

DER ULTIMATIVE WELCHER-TYP-BIN-ICH-TEST

Frage 1: Deine Freunde sagen, ihr könntet mal in den Wald gehen und dort übernachten. Was machst du?

» **a)** Eine komplette Liste aufstellen, was alles schiefgehen könnte.

» **b)** „Super" sagen, den alten Schlafsack vom Vater in den Rucksack stopfen und Bier und Snacks besorgen. Wo und wie du schlafen wirst, ist dir gar nicht so wichtig, Hauptsache du siehst die Sterne funkeln, hörst die Blätter rauschen und riechst den frischen Waldboden.

» **c)** Den sowieso für diese Fälle gepackten Rucksack schultern. Außerdem fallen dir sofort 20 bis 30 DIY-Projekte ein, die du immer schon im Wald ausprobieren wolltest.

» **d)** Wieso in den Wald gehen? Ich lebe doch schon dort!

Frage 2: Du siehst einen großen Ast am Boden liegen, hast Zeit und ein Schnitzmesser. Was tust du?

» **a)** Ich würde gerne ein paar YouTube-Videos schauen, was ich damit machen könnte, habe aber hier im Wald keinen Empfang und gehe deswegen einfach weiter.

» **b)** Mir einen Platz suchen und überlegen, was ich schnitzen könnte. Aber vor allem suche ich einen Platz, an dem ich die Chance habe, ein Tier zu beobachten oder die Aussicht zu genießen.

» **c)** Geil, mit so einem Ast habe ich neulich einen großen Löffel geschnitzt. Wenn ich jetzt noch einen mache, habe ich das perfekte Salatbesteck. Also erst mal die Matte am Boden ausbreiten und hinsetzen.

» **d)** Den Ast nehme ich mit, denn meine Hütte, in der ich im Wald das ganze Jahr über lebe, muss ausgebessert werden.

Frage 3: Du stehst mit einer guten Fee beim Outdoor-Ausrüster und darfst dir etwas zum Mitnehmen aussuchen. Was tust du?

» **a)** Ich nehme aus allen Kategorien die teuerste Sache und lege das alles bei mir in den Keller. Vielleicht frage ich meine Eltern, ob ich noch etwas bei ihnen unterbringen kann. Aber gerade sehe ich, dass es dort hinten an der Kasse Duftkerzen gibt, alle meine Probleme sind gelöst, denn ich kann einfach nicht ohne Bergamotte-Geruch leben.

» **b)** Ich hätte da eine Liste von Dingen, die ich gebrauchen könnte. Vor allem brauche ich ein gutes Fernglas und ein Buch zum Fährtenlesen.

» **c)** Eigentlich brauche ich nichts mehr, aber vielleicht ersetze ich meinen alten Schlafsack durch einen neuen und gönne mir eine neue Hängematte. Ein biologisch abbaubares Duschgel wäre auch fein und ein neuer Schleifstein für meine Messer.

» **d)** Was ist ein Outdoor-Ausrüster? Was ich brauche, finde ich alles in der Natur.

Frage 4: Du stehst im Wald, es wird langsam dunkel, und du findest den Weg zurück zur S-Bahn oder zum Auto nicht.

» **a)** Panik. Es ist kalt und unheimlich, außerdem wollte ich heute Abend unbedingt noch staubsaugen, meine Fingernägel schneiden, diese Duftkerzen vom Outdoor-Ausrüster anzünden und „The Revenant" schauen. Würde bitte jemand sofort einen Rettungshubschrauber rufen? Aber schnell!

» **b)** Oh ja, ich denke jetzt scharf nach. Sobald die Nacht anbricht, schaue ich in den Sternenhimmel. Wo ist Norden? Ah dort, so geht es weiter.

» **c)** Nicht schlimm. Ich habe alles dabei, was ich für ein ordentliches Biwak brauche, außerdem noch ein paar Nüsschen und einen warmen Tee in der Thermoskanne.

» **d)** Ich habe kein Auto. Wenn ich irgendwohin will, begleitet mich mein Esel.

Frage 5: Ihr wandert seit ein paar Stunden, habt etwas getrunken und gegessen, inzwischen drückt nicht nur die Blase. Und nun?

» **a)** Ich halte an. Kein Problem. Ich kann sowieso nur zu Hause auf der Toilette beim Duft meiner Duftkerze loslassen.

» **b)** Wo ist der nächste Busch, ich verschwinde kurz mit einer Packung Taschentücher.

» **c)** Wo ist der nächste Busch? Wie gut, dass ich dieses Handdesinfektionszeug und Klopapier eingepackt habe. Cool wäre, ich könnte hier im Wald gleich einen Latrinengraben ausheben. Das müsste doch irgendwie gehen.

» **d)** Über die Freude des Stuhlgangs im Wald habe ich 1997 mal einen bebilderten Vortrag an der VHS Duisburg gehalten.

AUFLÖSUNG: DAS IST DEIN TYP!

Du hast hauptsächlich mit a) geantwortet? Herzlichen Glückwunsch, du bist der **Waldtyp Picknicker**. Eine Anfängerin oder ein Anfänger, die oder der ordentlich von diesem Buch profitieren kann. Wir freuen uns, dir auf den nächsten Seiten viele gute Tipps für den Einstieg geben zu können. Für kurze Wanderungen, für ein paar schöne Stunden in der Natur. Wer weiß, vielleicht wird ja noch etwas aus dir und deiner Beziehung zur Natur. Mach dir auf keinen Fall Stress, dieses und jenes erreichen zu wollen, sondern schau einfach, was dir besser gefällt, das reine Bushcrafting, das Trekken oder gar das Leben als spartanischer Survivor. Und zünde sofort deine Duftkerzen an, beim Duft von Bergamotte liest es sich gleich viel angenehmer.

Du hast vor allem mit b) geantwortet? Dann bist du ganz sicher schon ein regelmäßiger **Tagestourist zwischen Flora und Fauna.** Zwar noch mit geringer Erfahrung im Waldschlafen und Schnitzen, aber mit viel gutem Willen. Dabei geht es dir in der Wildnis nicht so sehr um den Lagerbau und Holzarbeiten, sondern vor allem um das Naturerlebnis. Das ist völlig in Ordnung. Dennoch sehen wir es als unsere Aufgabe an, dich auf das nächste Level zu bringen, sodass du bald ohne große Hilfe eine richtige Tour durch die Natur planen kannst, in der du ordentlich Meter sammelst und deine Umwelt beobachten lernst. Wir empfehlen dir vor allem das Ultraleichtwandern, also das Wandern mit so wenig beziehungsweise so leichtem Gepäck wie möglich. Vielleicht kommst du nicht mit einem frisch gezimmerten Gewürzregal aus dem Wald heraus, aber du hast Strecke gemacht, viel gesehen und diese Eindrücke auf dich wirken lassen.

Bist du vor allem bei Antwort c) gelandet, dann bist du schon ein **halber Naturensohn**. Du liebst die Natur, vor allem das, was du, wenn du unterwegs bist, gestalten kannst. Hier ein Biwak, da eine Feuerstelle, das ist deine Welt, und dein Ausflug ist nicht komplett, wenn du nicht einmal auf dein Werk schaust und denkst, das habe alles ich geschaffen. Du brauchst nicht mehr viel zum echten Bushcrafter. Dieses Buch dient dir hauptsächlich zur Inspiration. Wir hoffen, dich trotzdem überraschen zu können.

Ein echter **Survival-Profi** bist du, wenn du dich vor allem in Antwort d) wiederfindest. Wir tippen, dass du unseren Kanal gar nicht kennst und dieses Buch im Wald gefunden hast. Könnte das stimmen? Lies es trotzdem, möchten wir dir sagen. Es hat sich viel verändert, seitdem du die Zivilisation verlassen hast, und vielleicht können wir auch dir noch etwas Brauchbares mitgeben. Außerdem möchten wir dir sagen, dass dir der Weg an den Induktionsherd der Gesellschaft noch immer offensteht.

Nun, da ihr alle wisst, wo ihr einzuordnen wärt, möchten wir loslegen.

EIN PAAR GRUNDSÄTZLICHE GEDANKEN

Wir haben euch jetzt gewaltig schwitzen lassen und euch auf Herz und Nieren getestet, das vermittelt vielleicht den Eindruck, als wären wir brutal durchstrukturiert und psychologisch geschult. So ist es aber nicht. Meistens sind wir spontan und überlegen uns erst im Camp, was wir als Nächstes tun könnten. Das klappt meistens ganz gut. Ihr habt ja gesehen, welche Dimensionen das Camp bei uns inzwischen angenommen hat, was wir dort alles hingestellt haben: eine Kochstelle, eine Art Outdoor-Doppelstockbett, eine Erdsauna, Hochbeete, eine Art Bar oder Küche und das Grubenhaus. Vielleicht kommt euch an dieser Stelle das Blockhaus in den Sinn, das wir seit Jahr und Tag planen. Nein, wir haben es nicht vergessen, es dauert und dauert einfach so lang, bis wir die Baugenehmigung erteilt bekommen. Es macht uns genauso viel Freude wie eh und je, euch an unseren Aktionen teilhaben zu lassen. Was ihr uns hoffentlich anmerkt. Das alles ist meist ohne große Vorplanung entstanden. Klar mussten wir für bestimmte Projekte dieses und jenes Holz bestellen, und uns auch ein paar Gedanken machen, wie wir welchen Ast zurechtsägen. Aber wir haben uns nie einen bestimmten Weg zum Ziel gesucht, an den wir uns sklavisch halten mussten.

Was wir damit sagen möchten: Setzt euch nicht unter Druck, der eine oder andere Typ Bushcrafter zu sein! Versucht, die Natur zu genießen und das alles spielerisch zu sehen. Wenn wir eine Rückmeldung immer wieder bekommen, dann, dass wir einer Menge Leute gezeigt haben, wie viel Spaß es machen kann, seinen Hintern aus dem Gaming-Sessel zu hieven und vor die Tür zu gehen. Nicht, dass wir nicht gerne zocken. Im Gegenteil. Aber es ist uns ein großes Anliegen, euch zu vermitteln, wie abwechslungsreich und erfüllend das Leben werden kann, wenn man in die Natur geht. Dass ihr euch es da draußen nicht unnötig schwer machen müsst, indem ihr friert oder hungert oder stinkt. Wir stehen für Freude, Offenheit und Miteinander, fürs Ausprobieren, ohne zu wissen, ob es gut geht. Also, geht raus, und atmet durch, baut, lacht, und wenn ihr in keine Schublade passt, dann sei es so.

WAS NEHME ICH MIT? WAS BLEIBT ZU HAUSE? VON CAMPINGKOCHERN, RUCKSÄCKEN UND MEHR

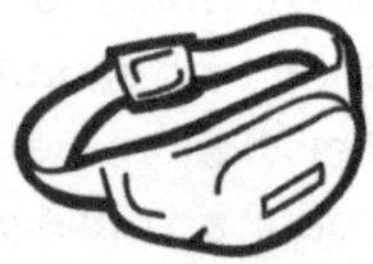

Wenn es raus in den Wald gehen soll, also nicht in unser Camp, sondern so richtig in ein uns unbekanntes Gebiet, dann stellen wir uns heute, genau wie ihr, die Ausrüstungsfrage. Bei unserem ersten Trip in den Wald lief das noch ganz anders ab. Wir waren 14 und spielten mit großer Leidenschaft Airsoft. Für die, die es nicht kennen sollten, erklären wir es kurz: Airsoft ist ein taktisches Spiel, bei dem man in Teams durch die Gegend läuft und den Gegner mit kleinen Plastikkugeln beschießt. Das gibt keine riesigen Schmierereien wie beim Paint Ball, macht aber trotzdem irre Spaß. Ganz legal ist es wohl nicht, Airsoft im Wald zu spielen, aber wir hoffen einfach, die Sache ist inzwischen verjährt. Von all den Dingen, die wir euch hier erzählen, ist das eine der wenigen, die ihr nicht nachmachen dürft, okay?

Weil wir noch jung waren, erzählte Andy seiner Mutter, er würde bei Gerrit übernachten, und Gerrit dachte sich irgendeinen anderen Quatsch aus, der eine Nacht im Wald rechtfertigte. Wie gut, dass es damals noch keinen Whatsapp-Gruppenchat für unsere Eltern gab. In dieser Phase unserer Jugend achteten wir weniger auf Sicherheit, sondern vor allem auf unser Outfit. Wir wollten komplett gleich aussehen, und wenn ihr uns vor Augen habt, wisst ihr, dass die Chancen dafür schlecht stehen. Also zogen wir uns komplett gleich an, dunkler Pulli, dunkle Hose, damit wenigstens die Klamotten „Team, Team, Team" riefen. Wir sahen aus wie Pat und Patachon, und genauso zogen wir in den Wald. Pubertät eben. Glücklicherweise gibt es von dem Abend kein Foto mehr, wir müssten sehr viel Geld zahlen, um es verschwinden zu lassen. Outfit war also Trumpf, aber worauf verschwendeten wir keinen müden Gedanken? Richtig! An die Ausrüstung. Uns war gar nicht bewusst, dass es da Unterschiede geben könnte. Wie falsch wir lagen, im wahrsten Sinne des Wortes!

Nachdem wir ewig durch den Wald gepirscht waren, aßen wir Ravioli aus der Dose und legten uns ohne Isomatte in ein Zelt, das wir beim Discounter geschossen hatten. Unsere Kissen lagen zu Hause in unseren Betten, und der Schlafsack von einem von uns war das Werbegeschenk einer Massenbrauerei, deren Bier genauso plörrig schmeckt, wie der Sack dünn war. Wir hätten uns genauso gut mit Klopapier zudecken können, das wäre vielleicht noch gemütlicher gewesen. Die Nacht zog sich, die Bodenkälte kroch in unsere Knochen, und als endlich der Morgen anbrach, schworen wir uns: Nie wieder draußen schlafen! Obwohl wir jung und fit waren, schmerzte jedes Gelenk, wir zitterten und waren an der Nasenspitze komischerweise trotzdem von Mücken zerstochen. Kurzum: Wir waren durch. Aber so richtig. Doch wie sagen die Briten so schön? You live, you learn! Die erste Lektion darin, wie man es nicht machen soll, hatten wir also schon als Teenager gelernt auf einer Tour, die genauso hart war wie der gar nicht so weiche Waldboden.

Trotzdem lagen noch karge Jahre vor uns. Wir waren halbstark, das Budget voll schwach, und beim Ausflug in den supersortierten Outdoor-Laden in Berlin bekamen wir angesichts der Preise Schnappatmung. Wir konnten wir uns maximal eine ersehnte Sache leisten, nicht zwei oder drei und erst recht kein volles Equipment. So dauerte es Jahre, bis wir die perfekte Erstausrüstung zusammenhatten.

Wenn ihr also mit kleinen Schritten anfangen wollt, aber auch wenn ihr euch sofort alles besorgen möchtet und könnt, teilen wir unsere Erkenntnisse mit euch, damit ihr nicht in der Fehlkauffalle landet. Nach mehr als 15 Jahren wissen wir genau, welches Gear top ist und welches floppt. Wir sagen euch erst, was ihr unbedingt und auf jeden Fall braucht, und dann, was ihr für eure verschiedenen Abenteuer einpacken solltest.

DIE GROSSEN VIER

Wir sprechen wie viele andere Outdoor-Experten gerne von den großen Vier, den unabkömmlichen Basics, die jeder braucht, der mehr als ein paar Stunden draußen ist. Das sind der **Rucksack,** die **Isomatte,** der **Schlafsack** und die **Unterkunft** wie Zelt oder Tarp.

RUCKSACK

Alles beginnt und endet mit eurem Rucksack. Damit fängt auch das Elend an, denn ihr packt das Ding in eurem kuscheligen Zuhause ein und aus und testet ihn, indem ihr einmal den Flur in Filzpantoffeln hoch- und runterstromert. Doch wisst ihr, wie viele Stunden mit diesem Ding auf dem Rücken zusammenkommen? Wie viele Höhenmeter? Wie hohe Temperaturunterschiede werden durchgemacht? Wie viele heiße Tränen der Freude und der Verzweiflung perlen an seiner wasserabweisenden Oberfläche ab? Ewig viele. Deswegen lohnt sich hier die Anschaffung eines anständigen Modells, das zu eurem Körper passt. Wir nehmen gerne solche Rucksäcke, an die man viele Pouches, also extra Taschenfächer, anbringen kann und an die wir auch noch Werkzeuge wie eine kleine Klappsäge oder eine Axt hängen können.

Selbstverständlich könnt ihr für eine kleine Tagestour Freunde anpumpen (sofern die nicht selbst dabei sind), das ist eine prima Gelegenheit, verschiedene Taschentypen auszuprobieren. Aber wir versprechen euch, dass der Kauf eines guten Rucksacks einen Höllenunterschied machen wird, sobald ihr ihn auch nur ein paar Stunden herumtragt.

> **Denkt gar nicht erst daran, den alten Turnbeutel aus Leinen oder den Lederrucksack aus den 1970ern im Keller zu suchen. So schön diese Taschen auch aussehen mögen, sind sie entweder zu wasserdurchlässig oder zu schwer, mitunter auch beides. In den letzten Jahren hat sich hier in der Entwicklung viel getan. Ein moderner Rucksack ist verstellbar, wasserfest, leicht und hat verschiedene Fächer sowohl innen als auch außen. Das, unsere Freunde, ist die Grundvoraussetzung für jeden Ausflug, ob ein Tagesauflug oder eine mehrtägige Ultraleichtwanderung. Lasst bloß die Finger von allem anderen Marschgepäck!**

Damit ihr wisst, welche Rucksäcke wir gerne selbst schultern, haben wir eine kleine Liste für euch zusammengestellt. Rucksäcke gibt es in allen möglichen Größen, wir arbeiten uns hier von klein nach groß durch. Grundsätzlich lässt sich ein guter Rucksack an die Größe des Trägers anpassen und vorne verschließen, damit das Gewicht sich fein verteilt. Er sollte außerdem irgendein Bändsel oder Schlaufen haben, damit ihr Isomatte und Schlafsack hier einrollen könnt. Wir finden es auch immer klasse, wenn die Dinge langlebig sind und nicht nach zwei Jahren auf dem Müll landen.

DER STARTER

Unseren Geschmack trifft der 5.11 Rush 12. Er war der erste Rucksack, den wir für Airsoft-Spiele benutzt haben, und obwohl ihm in der Grundversion ein paar Dinge fehlen, die wir schätzen, wie eine gemütliche Rückenpolsterung oder eine Regenhülle, halten wir ihn immer noch für einen guten Anfangsrucksack.

FACT-CHECK

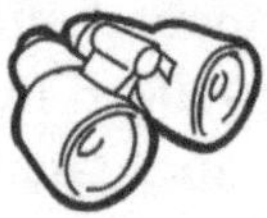

- € Ab etwa 105 Euro
- \+ Volumen: 22 Liter
- \- Keine Regenhülle in der Basisversion

Wir sagen: Mit MOLLE-Schlaufen, an die wir lauter Pouches hängen können, und dem top organisierten Vorderfach sind wir mehr als happy.

DER TAGESTOUR-BEGLEITER

Der Tasmanian Tiger Mission Pack MKII ist ideal für die Tagestouren eines Bushcrafters.

FACT-CHECK

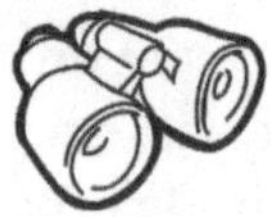

- € Rund 195 Euro
- \+ Volumen: 37 Liter
- \+ Reißverschlusstaschen für Kleinkram in den Hüftgurten

Außerdem kommen hier die oben gelobten **Pouches** ins Spiel. Wie? Die eine Seite dieses Gepäcks ist mit MOLLE-Schlaufen versehen, an die ihr alle möglichen Pouches kleben könnt. Der Rücken bleibt bei diesem Modell schön durchlüftet, das ist vor allem gut, wenn man nicht alleine wandert und am Abend nicht ganz so streng riechen möchte.

FÜRS ULTRALEICHTWANDERN

Von der Firma Exped werdet ihr noch häufiger lesen, hier kommt sie mit ihrem Exped Lightning 45 um die Ecke.

FACT-CHECK

- € Ca. 200 Euro
- \+ Kompakt trotz 45 Liter Volumen
- \+ Wiegt gerade mal ein Kilogramm

Extra: Statt mit Schlaufen wurde dieser Rucksack mit Bändern ausgestattet, was Gewicht spart. Ihm wurde aber trotzdem ein angenehmes Tragesystem verpasst. Auch hier finden wir wieder unsere beliebten Reißverschlusstaschen in den Hüftgurten.

FÜR EINE ORDENTLICHE TOUR

Der größte Rucksack, den wir besitzen, ist der Tasmanian Tiger Range Pack MKII. Falls ihr diesen Rucksack, der leer etwa dreieinhalb Kilo wiegt, richtig schön vollladet, hat er auf jeden Fall ein Tragesystem, das euch jeden Übermut verzeiht. Zudem gibt es ein Schlafsackfach und, ihr ahnt es schon, lauter MOLLE-Schlaufen. Ein Deckelfach macht das Leben schön einfach. Welchen besseren Ort könntet ihr euch für ein Notfallset vorstellen?

FACT-CHECK

- € Etwa 450 Euro
- \+ Top-Tragesystem
- \+ Volumen: praktische 90 Liter

ISOMATTE

„Wozu brauche ich eine Isomatte?", werdet ihr euch vielleicht fragen, wenn ihr erst mit Tagestouren beginnt oder nur gemütlich ein bisschen bushcraften wollt. Falls ihr an einem wirklich heißen Tag unterwegs seid, und das auch nur zwischen zwölf und 15 Uhr, braucht ihr vielleicht tatsächlich keine Isomatte. Aber für alle anderen Tage gilt: Um weich, trocken und warm zu sitzen, nehmt euch etwas mit, das ihr unter euren Hintern schieben könnt!

Wollt ihr euch gemütlich zum Picknick hinsetzen, etwas schnitzen, Instagram checken oder gar ein Nickerchen halten, werdet ihr uns so dankbar dafür sein, euch eine Matte ans Herz gelegt zu haben. Isomatten sind meistens leicht und lassen sich prima an der Außenseite des Rucksacks befestigen. Je nach Modell schiebt ihr sie gerollt oder geklappt zwischen die Bänder. Entscheidet ihr euch für ein aufblasbares Modell, könnt ihr den Beutel mit der Unterlage auch von außen an die Tasche hängen. So bleibt im Gepäck selbst Platz für andere Dinge.

Bei aufblasbaren Modellen ist ein kleines Flickset ein Muss, denn im tiefen Wald gibt es keinen Express-Lieferdienst, der euch mit so etwas aushelfen könnte.

Worauf ihr achten könnt, das ist der R-Wert. Das Wort kommt euch bekannt vor? Damit ist hier aber keine Ansteckungsrate gemeint, sondern wie die Temperatur in der Matte weitergeleitet wird. Kleine Faustregel: Je höher der R-Wert, desto komfortabler/wärmer schlaft ihr, weil die Matte besser isoliert. Die dickste ist nicht unbedingt die mit dem höchsten R-Wert, also achtet darauf.

Auch hier möchten wir wieder betonen, dass ihr nicht mit der Maximalvariante beginnen solltet, wenn ihr gar nicht wisst, ob die Natur wirklich eure Sache ist. Kauft ihr euch heute eine teure Matte, und morgen beschließt ihr, nie wieder in die Natur zu gehen, wird euch die Investition um einige Latte Macchiatos oder Döner Kebaps vom Lieblingslieferdienst zurückwerfen.

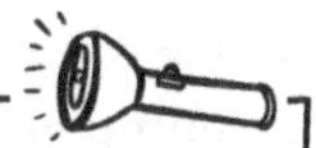

Solltet ihr eine teurere, aufblasbare Matte wählen, achtet darauf, dass ein Pumpsack dabei ist, sonst müsst ihr das Ding mit eurem Mund aufblasen, und das wird auf die Dauer echt unappetitlich, weil immer ein klein wenig Speichel zurückbleibt.

Wir fangen mit einer Basic-Matte an, die wir seit Jahren immer wieder ins Waldcamp oder auf Tagestouren mitnehmen.

DIE FAST UNZERSTÖRBARE

Unsere treue Begleiterin für Tagestouren ist seit Jahren die Therm-A-Rest Z-lite. Sie ist faltbar, so können wir sie schnell ausbreiten und mühelos auch wieder zusammenlegen, ohne uns mit lästigem Einrollen beschäftigen zu müssen. Übernachten solltet ihr auf dieser Matte höchstens im Sommer, dafür kostet sie auch nicht die Welt und bietet sich deswegen perfekt für den Einstieg an oder wenn ihr euch vor allem als Picknicker seht.

FACT-CHECK

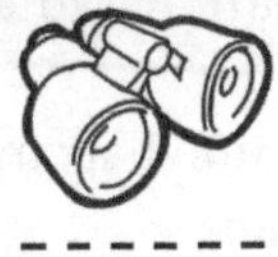

- € Ca. 80 Euro
- \+ Perfekte Einsteigermatte
- \- Nur sommertauglich

DIE LEICHTE WAHL

Wenn ihr länger unterwegs seid, ein richtiges Surival-Feeling erleben möchtet und auf das Gewicht eurer Ausrüstung achten müsst, kommt die Nemo Tensor ins Spiel (R-Wert 1,6). Sie wiegt in der kleinsten Version etwas mehr als zwei Tafeln Schokolade und lässt sich mit einem mitgelieferten Pumpsack easy peasy aufpumpen. Nachteil: Leider muss man den Pumpsack vorher mit dem Mund aufpusten. Wenn die feuchte Atemluft in der Matte bleibt, fängt die ganze Chose irgendwann an zu schimmeln, was megaekelig ist. Trotz ihres geringen Gewichts schläft man auf der Nemo Tensor äußerst komfortabel, dafür sorgen die thermobeschichteten Luftkammern.

FACT-CHECK

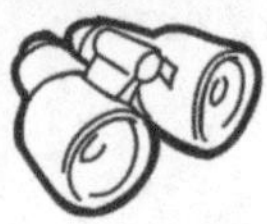

- € Ca. 150 Euro
- \+ Leichtgewicht mit nur 230 Gramm
- \- Pumpsack schimmelanfällig

DIE KOMFORTLÖSUNG

Sucht ihr im Wald den Komfort, der euch an euer eigenes Bett erinnert? Müsst ihr nicht weit laufen oder blast die Isomatte gar einfach im eigenen Van auf? Dann ist die Exped Megamat 10 MW mit einem R-Wert von 8,1 euer Schlaflager für die Nacht. Sie sieht eingerollt wuchtig aus, wiegt etwa 2,6 Kilo und das ist, gemessen an ihrer Größe und ihrem Komfort, gar nicht so mächtig. Wir benutzen diese Matte vor allem dann, wenn wir in unserem Camp arbeiten und nach einem harten Tag einfach nur ungestört pennen möchten.

Wir sagen: Sie ist die ideale Bushcrafter-Matte und hat einen Pumpsack dabei, der ohne Aufpusten funktioniert.

FACT-CHECK

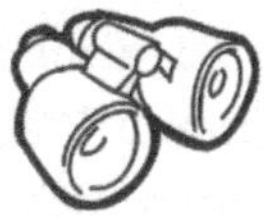

- € 220 Euro
- \+ Super Komfort
- \- Mit einem Gewicht von 2,6 Kilo nichts für weite Märsche

So, das Erste hättet ihr geschafft, habt ein bisschen Ahnung von Rucksäcken und Isomatten bekommen und scharrt jetzt selbstverständlich mit den Füßen. Wir möchten nun mit den Dingen weitermachen, die wir als absolute Basics für einen Tagesausflug in den Wald ansehen.

DER SCHLAFSACK

Wir lieben unsere Schlafsäcke. Wir lieben sie, denn sie sind warm und kuschelig. Ihr habt vielleicht schon bemerkt, dass wir eigentlich von März bis Oktober im T-Shirt herumlaufen können. Kälte macht uns nichts aus. Jetzt folgt das große *Aber:* Wir hassen es, im Schlafsack zu liegen und kalte Füße zu bekommen. Nachts haben wir es gerne behaglich, und unser Schlafsack soll es auch sein. Wir stellen euch auf den nächsten Seiten vor, was uns glücklich macht. Dabei muss aber jeder selbst entscheiden, wo seine Komforttemperatur liegt.

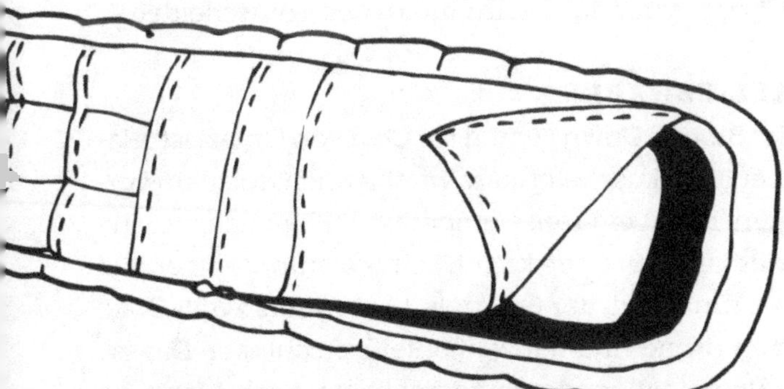

DAUNE ODER KUNSTFASER?

Was heißt **Komforttemperatur?** Das ist die Temperatur, bei der eine sogenannte Standard-Frau in dem Schlafsack gerade noch draußen schlafen kann, ohne zu frieren. Was das sein soll, eine Standard-Frau, haben wir noch nicht ganz begriffen, aber sie soll etwa 60 Kilogramm wiegen und 1,65 Meter groß sein. Darüber hinaus wird oft noch eine Grenztemperatur angegeben, bei der ein Standard-Mann im Sack liegen kann, ohne zu frieren. Ein Shoutout an alle, die 1,73 Meter groß sind und 70 Kilo wiegen, ihr seid gemeint! Vielleicht sind wir keine Standard-Menschen, wir mögen es gerne warm.

Eine andere grundsätzliche Entscheidung, die ihr treffen müsst, ist, ob ihr euch einen Daunen- oder einen Kunstfaserschlafsack anschaffen möchtet. Wenn ihr prinzipiell keine Daunen verwendet, ist diese Entscheidung einfach. Alle anderen sollten sich fragen, wo sie ihren Schlafsack meist gebrauchen werden. In einem besonders feuchten Gebiet oder eher dort, wo es kalt werden kann? Meistens schließt sich das aus. Die Daunen halten die Kälte ab, sind aber pflegeaufwendiger, teuer, und woher die Daunen kommen, wisst ihr auch nicht immer. Die Kunstfaser ist günstiger und nicht so pflegeintensiv, dafür auch nicht so langlebig. Wie immer: Choose your fighter. Ihr müsst euch entscheiden.

FÜR WÄRMELIEBHABER

Wir wissen, der Biopod Down Hybrid Ice Cold von Gruezi ist relativ teuer, aber er ist so kuschelig, dass wir ihn euch trotzdem vorstellen möchten. Er hat ein Heizelement im Fußbereich, das ihr mit eurer Powerbank betreiben könnt. Seine Komforttemperatur liegt bei minus fünf Grad, der Grenzwert bei minus zwölf Grad, er ist wasserabweisend und hat weiße Reißverschlüsse. Das ist kein Fashion-Statement, sondern ungemein praktisch. Wenn ihr nämlich nachts im Biwak liegt und austreten müsst, fällt euch das mit einem weißen im Dunklen definitiv leichter. Außerdem besitzt er, was wir immer gut finden, Antirutsch-Noppen und gleitet euch nicht unterm Hintern weg. Man muss schon vorhaben, viele Nächte draußen zu schlafen, damit sich die Investition lohnt, aber das ist mit diesem Schlafsack ein Vergnügen.

FACT-CHECK

- € Etwa 550 Euro
- \+ Zusätzliches Heizelement
- \+ Gewicht: 1350 Gramm

MIT KUNSTFASER GEGEN KÄLTE

Es ist schwieriger, einen Kunstfaserschlafsack zu finden, bei dem die Komforttemperatur ähnlich niedrig liegt wie beim Daunenschlafsack. Eine Annährung ist definitiv der Carinthia Defense 4, dessen Komfortlimit bei minus acht Grad liegt. Die äußere Hülle dieses Mumienschlafsacks ist leicht wasserabweisend.

FACT-CHECK

- € Etwa 200 Euro
- \+ Gutes Preis-Leistungs-Verhältnis
- \- Gewicht: 2000 Gramm

Wenn ihr dazu neigt, nachts zu schwitzen, oder euren Schlafsack noch besser schützen möchtet, könnt ihr euch ein **Inlett** anschaffen. Das ist ein Innensack aus Baumwolle oder Fleece, den ihr unkompliziert waschen könnt, wenn ihr von eurer Tour nach Hause kommt.

DER SOMMERSCHLAFSACK

Seid ihr aber im Sommer unterwegs, können wir euch auch raten, euch einen leichten Sommerschlafsack zuzulegen.

Wir finden den Carinthia Tropen richtig gut. Die Komforttemperatur liegt hier bei zehn Grad, was ein gewaltiger Unterschied zu den anderen Modellen ist, die wir euch empfohlen haben.

FACT-CHECK

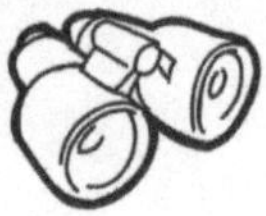

- € Etwa 120 Euro
- \+ Mit integriertem Mückennetz
- \+ Gewicht: Leichte 1100 Gramm

An dieser Stelle erwartet ihr sicher nun das Zelt. Aber schaut euch um, es ist nirgends zu sehen. Weshalb? Wir benutzen nie ein Zelt beim Bushcrafting, sondern aus Gründen, die wir euch später noch erklären, immer nur eine Hängematte und ein Tarp. Was daran so geil ist, erfahrt ihr später.

Wir möchten gerne mit einem anderen Gear weitermachen, das so wichtig für euch ist, dass ihr ohne gar nicht aus dem Haus zu gehen braucht: das Messer. Weil es so wichtig und das, was ihr darüber lernen könnt, so umfangreich ist, widmen wir ihm ein ganzes Kapitel, nämlich das nächste. Wir hoffen, ihr habt jetzt keine Angst bekommen und seht euch schon tief in den roten Zahlen, weil ihr mehr in Rucksack und Co. investiert habt, als bei euch reinkommt. Nein, sagen wir, macht das nicht. Haben wir auch nicht so getan, sondern peu à peu immer etwas gespart und dazugekauft. Ihr sollt im Wald runterkommen und Spaß haben, nicht auf der Flucht vor euren Gläubigern sein.

DEIN BESTES STÜCK – DAS MESSER

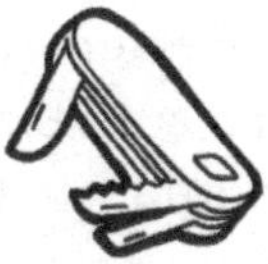

Trotz all der Messer, die wir besitzen und besessen haben, ist das erste Outdoor-Messer für die meisten von uns unvergessen. Andy hat mit zehn Jahren ein rotes Schweizer Armeemesser von seinem Vater geschenkt bekommen und weiß noch ganz genau, wie geschmeidig es in seiner Kinderhand lag. Wenn es am Wochenende mit der Familie in die Natur ging, durfte er damit Pilze „ernten" und war wahnsinnig stolz auf Werkzeug und Ausbeute. Auch wenn wir inzwischen top ausgestattet sind, liegt das Messer wohlbehütet in Andys Erinnerungskiste. Seit sein Vater 2019 gestorben ist, hat es für ihn einen emotionalen Wert, den das beste Chichi-Messer nie toppen könnte.

Unserer Meinung nach ist kein anderes Werkzeug so vielseitig wie ein Messer. Ihr könnt damit schneiden, ja klar, aber auch schnitzen, hacken, Feuer machen, es als Spieß benutzen oder aber auch damit in der Erde rumgraben, falls ihr eine Mulde braucht. Wir lieben Messer, ihre verschiedenen Formen und Schleifarten und haben immer riesigen Spaß daran, neue Klingen auszuprobieren. Welches taugt zum Batoning? Welches hat ein beruhigendes Eigengewicht? Welches ist besonders vielseitig? Die Unterschiede sind gewaltig, die Präferenzen sehr persönlich, und die Auswahl kann euch so erschlagen, dass ihr gar nicht wisst, wo ihr anfangen sollt. Das ist genau wie beim Tennisschläger, wo auch nicht der eine der beste ist und die anderen Schrott sind. Es liegt an Technik, Muskelkraft und Handform, wie wir ein Messer empfinden. Was bei einem großen, starken Gerrit in die riesige Hand passt, ist für eine zierliche Gerlinde nur bedingt geeignet. Deswegen solltet ihr ganz viel ausprobieren. Dafür stellen wir euch zunächst unterschiedliche Messer- und Schleifarten vor und geben dann ein paar Tipps zum Einstieg. Macht euch nicht selbst fertig, wenn ihr hin und wieder doch das falsche Messer kauft. Das passiert selbst uns. So haben wir uns vor nicht allzu langer Zeit, geblendet von einem guten Angebot, beide das gleiche Bushcraft-Messer zugelegt. Ein paar Tage später haben wir dann auch beide gemerkt, dass es einen Grund dafür gab, dass es um satte 50 Prozent reduziert war. Es taugte nämlich nichts. Wer viel kauft, kann viel sparen, ist auch ein dummer Spruch, der nur bedingt wahr ist. So die Lektion, die wir daraus gezogen haben.

Messerschärfe nicht vergessen! Was auch immer ihr tut, seid vorsichtig. Ein brandneues Outdoor-Messer ist so viel schärfer als das alte Küchenmesser, mit dem ihr zu Hause eure Wurst schneidet. Achtet auf eure Finger, denkt nicht, dass ihr auf einem kleinen Brett, das ihr auf euren Schoß legt, mit scharfer Klinge ein Schwein zerlegen könnt. Und Vorsicht, nicht abrutschen: Eure Hauptschlagadern laufen auch durch die Beine, haltet sie intakt.

Je länger eure Bushcraft-Karriere andauert, desto mehr Messer werdet ihr sicherlich besitzen und auf eure Touren mitnehmen. Oft ist die Entscheidung, welches ihr kauft, keine Entweder-oder-, sondern eine Früher-oder-später-Frage. Für den allerersten Anfang haben wir ein paar Tipps für euch.

DER KLASSIKER FÜR ANFÄNGER

Wenn ihr ein Messer braucht, das euch im Wald von Nutzen sein kann, das aber auch im Alltag weiterhilft, seid ihr mit dem Victorinox Ranger gut bedient. Da ist jede Menge praktisches Zeug bei, genauer gesagt 21 Tools. Beispielsweise zwei verschieden große Messer, für den Weintrinker der Korkenzieher und für den Bierfreund der Flaschenöffner. Für alle zusammen eine Pinzette, um unerwünschte Insekten aus der Haut zu ziehen.

FACT-CHECK

€ Etwa 53 Euro
+ 21 Tools
+ Gewicht: leichte 118 Gramm

DIE LEICHTE INTERPRETATION

Wer es noch puristischer haben möchte, kann sich auch das Victorinox Spartan zulegen. Das wiegt nur etwa 60 Gramm, hat zwar nur zwölf statt 23 Funktionen, aber dafür ist auch echt viel dabei. Außerdem gibt es das Spartan in Schwarz statt in Rot, und das sieht richtig geil aus. Da macht das Apfelschälen gleich viel mehr Spaß und das Wanderstockschnitzen auch. Für die Version mit den schwarzen Klingen müsst ihr etwa 95 Euro hinlegen, das rote Modell kostet 23 Euro.

FACT-CHECK

€ 23 bzw. 95 Euro (schwarze Klingen)
+ Ein schicker Allrounder
+ Gewicht: leichte 60 Gramm

FESTSTEHENDES MESSER

Wenn ihr lieber ein Messer mit einer feststehenden Klinge hättet, können wir euch die Einsteigermodelle von Mora ans Herz legen. Uns hat das preiswerte Companion überzeugt. Dieses Arbeitstier ist mit einem Scandischliff ausgestattet, eignet sich deswegen exzellent zum Schnitzen. Was ein Scandischliff genau ist, erklären wir ab S. 41 später noch einmal ganz genau. Das Mora Companion ist außerdem wirklich günstig, und ihr müsst ihm nicht hinterherheulen, wenn die Elster es klaut.

FACT-CHECK

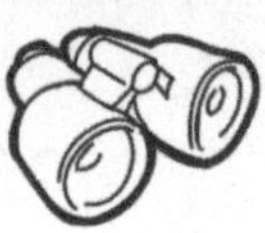

- € etwa 14 Euro
- \+ Scandischliff
- \+ Gewicht: leichte 115 Gramm

Nun, da ihr rudimentär ausgestattet seid, geht es weiter zur kleinen Messerkunde. Zunächst gibt es verschiedene Messerarten. Ganz simpel ist das feststehende Messer, das ihr auch aus der Küche kennt und das euch bestimmt als Erstes einfällt, wenn jemand die Aufforderung ausspricht, euch ein Messer vorzustellen.

Bei den feststehenden Messern gibt es einen wichtigen Unterschied, mit dem wir beginnen möchten, und der liegt in der Herstellung. Damit meinen wir nicht nur, ob der Griff aus Holz, Metall oder Kunststoff gefertigt wurde, sondern im Tang. Noch nie gehört? Erklären wir euch. Tang bezeichnet die Art, mit der die Klinge in den Griff integriert ist.

HACK 1: MESSER ERKENNEN

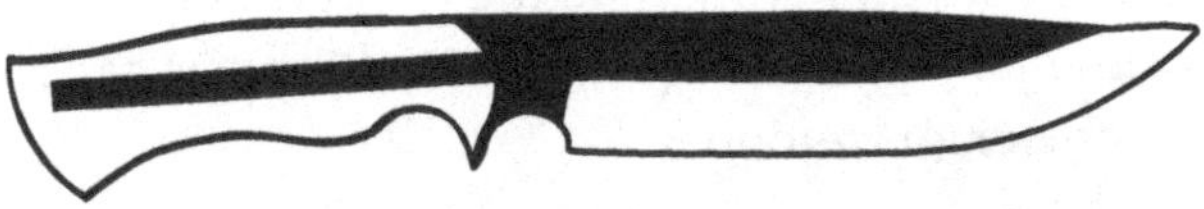

» **Stick Tang** – schmale Verlängerung der Klinge steckt im Griff

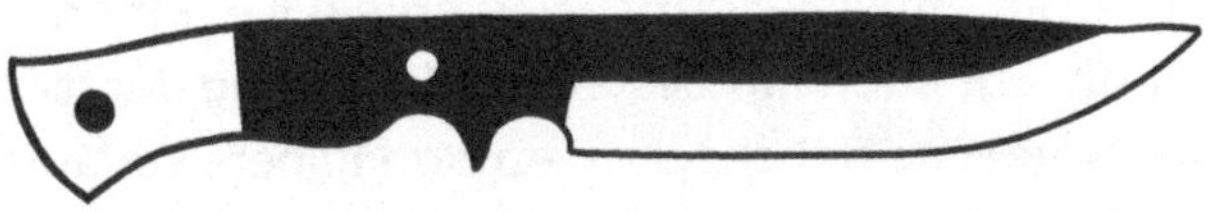

» **Half Tang** – Klinge steckt teilweise im Griff

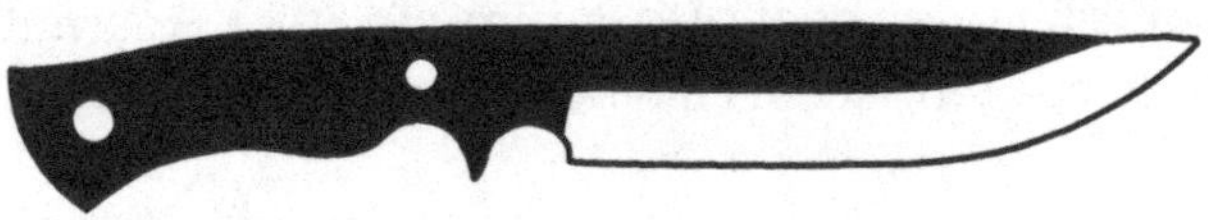

» **Full Tang** – Klinge steckt im Griff

WAS IHR ÜBERS STICK TANG WISSEN MÜSST

Bei einem **Stick Tang** steckt eine dünne Verlängerung der Klinge im Griff. Mit solchen Messern kann man, wenn sie gut verarbeitet sind, so einiges machen. Trotzdem solltet ihr beim Ausprobieren und beim Kauf solcher Messer bedenken, dass die Klinge bei krasser Belastung herausbrechen könnte.

WAS IHR ÜBERS HALF TANG WISSEN MÜSST

Stabiler ist ein **Half Tang,** bei dem das Metall nicht mit der Klinge endet, sondern noch ein wenig länger durch den Griff geführt wird. Wie ihr euch denken könnt, macht das bei Arbeiten mit Hebelwirkung einen Unterschied, denn ein Half Tang ist belastbarer, ohne zu schwer zu werden.

WAS IHR ÜBER DAS FULL-TANG-MESSER WISSEN MÜSST

Wenn ihr es mit dem Spruch haltet: „In Gefahr und großer Not, ist der Mittelweg der Tod", und ihr außerdem der Meinung seid, dass die Zeit im Wald entweder zum Themenfeld Gefahr oder Not zählt, ja, dann legt euch am besten ein **Full-Tang**-Messer zu. Bei dem, ihr werdet es sicher schon erraten haben, verläuft das Metall über die Länge des gesamten Griffs. Oft seht ihr hier auch die glatten Enden der Schrauben, mit denen das Holz und das Metall zusammengehalten werden. So ein Full-Tang-Messer kostet entsprechend mehr, ist aber beinahe unzerstörbar. Vor allem wenn es ums Batonen geht, also darum, ein Stück Holz mit einem Messer zu spalten, ist ein Full-Tang-Messer unerlässlich.

Waffengesetz beachten! Größer ist bei Messern nicht besser! § 42 des Waffengesetzes erläutert genau, was erlaubt ist und was nicht. Ausnahmen davon sind nach Angaben des Bundeskriminalamtes beispielsweise die Berufsausübung, die Brauchtumspflege, der Sport oder ein allgemein anerkannter Zweck. Als Bushcrafter und Survivor hat man es eher schwer, diese Kriterien zu erfüllen. Also achtet darauf, dass euer Messer eine Klingenlänge von unter zwölf Zentimetern hat, falls es ein feststehendes ist, und kommt gar nicht erst auf den Gedanken, euch ein Einhand- der Butterflymesser zu kaufen! Außerdem solltet ihr 18 Jahre alt sein.

Wir erwähnten schon, dass es verschiedene Schliffarten für Messer gibt, die zum Teil historisch bedingt sind, aber euch auch schon einen ersten wichtiger Hinweis darauf geben, wozu ihr ein Messer benutzen könnt. Das ist für uns der zweite Punkt in der Messerkunde, den wir euch beibringen möchten. Jedes Messer erfüllt einen Zweck, und die Frage ist: Eignet es sich eher für Brot oder für Borke? Wenn ihr darauf eine Antwort wisst, ist die Gefahr, dass ihr euch in die Finger schneidet, geringer und der Spaßfaktor höher. Wie gut ein Messer durch ein Material schneidet, das hängt davon ab, wie flach die Kante an der Schneide ist. Je flacher die Kante, desto mehr Kraft müsst ihr aufwenden. Wieso schleift man dann nicht alle Messer ganz spitz zu? Weil es dann auch zugleich empfindlicher wird. Ein richtig geiles Messer ist also nicht das eine oder das andere, sondern immer genau das, was ihr in der jeweiligen Situation braucht.

WELCHE MESSERSCHLIFFE GIBT ES?

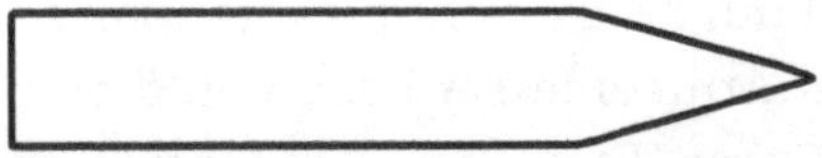

» **Scandischliff** – gut fürs Bushcraften

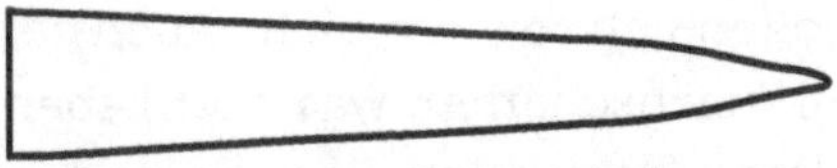

» **Flachschliff** – einfach zu schärfen

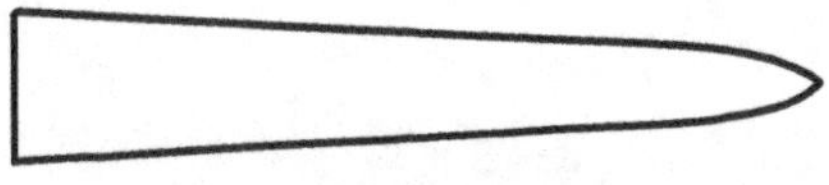

» **Balliger Schliff** – sehr stabil

WAS IHR ÜBER DEN SCANDISCHLIFF WISSEN SOLLTET

Die einfachste Schleifart ist der **Scandischliff.** Hierbei macht der abgeflachte Part der Schnittkante einen überwiegenden Teil der Klinge aus und verjüngt sich kaum zum Griff hin. Das Besondere am Scandischliff ist, dass dies beidseitig geschieht, ihr sozusagen zwei Zwillingsseiten habt, die einander spiegeln. Hierdurch habt ihr eine ziemlich große Schneidefläche und könnt allerlei Bushcraft betreiben. Wie das Batoning, bei dem ihr ein Stück Holz mit Hilfe eines Messer spaltet. Wie wäre es mit dem Schnitzen eines Wanderstocks? Das geht mit dem Scandischliff wunderbar. Die Messer kommen, man braucht kein Einstein sein, um es zu erraten, ursprünglich aus Skandinavien, und die großen Hersteller wie Mora sitzen immer noch dort oben. Sollte das Messer stumpf werden, könnt ihr es auch als Anfänger fast intuitiv mit einem guten Schleifstein nachschärfen. Wie genau, erfahrt hier ganz hinten im Buch, und es ist euch erlaubt, vorzublättern.

WAS IHR ÜBER DEN FLACHSCHLIFF WISSEN MÜSST

Eine andere Schleifart, die im Bushcraft-Bereich beliebt ist, nennt sich **Flachschliff.** Ihr erkennt diesen Schliff daran, dass die Klinge eben sehr flach aussieht und nur an der Schnittkante spitz zusammenläuft. Die Schweizer Armeemesser haben oft diesen Schliff, und das aus gutem Grund. Er ist vielleicht für wenige Dinge der beste, aber meistens okay, und damit ist der Flachschliff herrlich variabel. Auf die Idee, mit einem Taschenmesser zu batonen, kommt ihr hoffentlich sowieso nicht. Auch der Flachschliff lässt sich einfach nachschärfen, was euer Leben ein bisschen leichter macht. Das kriegen selbst die gechilltesten Picknicker hin.

WAS IHR ÜBER DEN BALLIGEN SCHLIFF WISSEN MÜSST

Nicht ganz einfach herzustellen, aber äußerst stabil für euch zu handhaben ist der **ballige Schliff,** bei dem die Klinge leicht nach außen gewölbt zuläuft. Mit Messern dieser Schleifart könnt ihr easy batonen oder das Messer als Beilersatz nutzen, ganz feine Arbeiten werden euch hiermit jedoch weniger gut gelingen, und das Nachschärfen bereitet Laien auch so manche Probleme.

Entweder schwirrt euch schon der Kopf, oder ihr seid angefixt und möchtet unbedingt noch mehr über Messer wissen. Wenn Letzteres auf euch zutrifft, haben wir eine gute Nachricht, es gibt nämlich noch mehr, was wir euch zum Thema beibringen möchten. Neben Art und Schliff gibt es noch die Merkmale Klingenform und Material.

WELCHE KLINGENFORMEN GIBT ES, UND WIE KANN MAN SIE UNTERSCHEIDEN?

Die gängigsten Klingenformen im Outdoor-Bereich sind die:

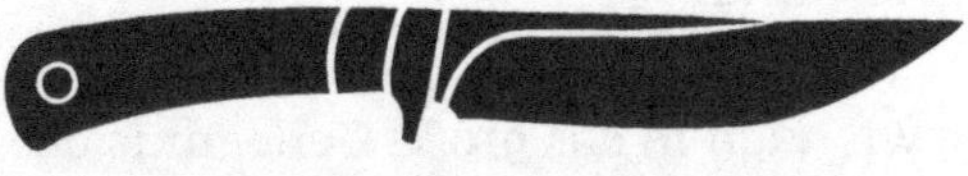

» normale Klinge

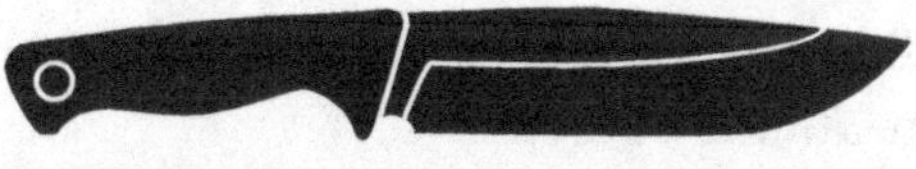

» Drop-Point-Klinge

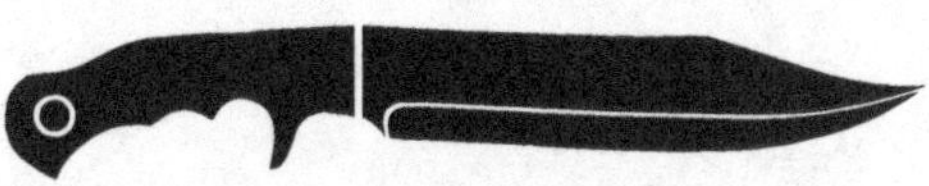

» Clip-Point-Klinge

WAS IHR ÜBER DIE NORMALE KLINGENFORM WISSEN SOLLTET

Fangen wir mit der **normalen Klinge** an. Die hat das, wozu eure Mütter euch dauernd auffordern, es zu machen, nämlich einen geraden Rücken. Die Schneidekante hingegen verläuft halbrund nach oben zu. Diese Klinge ist vor allem eins: Sie ist stabil.

WAS IHR ÜBER DIE DROP-POINT-KLINGE WISSEN SOLLTET

Die **Drop-Point-Klinge** sieht ganz anders aus. Hier senkt sich die Spitze, wie der Name vermuten lässt, oben leicht ab, sodass die Ober- und Unterkante leicht aufeinander zulaufen. Diese Klinge ist ebenfalls sehr stabil und speziell für Anfänger geeignet.

WAS IHR ÜBER DIE CLIP-POINT-KLINGE WISSEN SOLLTET

Um mit der **Clip-Point-Klinge** wirklich gute Ergebnisse zu erzielen, braucht ihr etwas Erfahrung. Auch hier spielt sich die Musik im oberen Teil der Klinge ab. Anstatt gerade zu verlaufen oder sich zur Spitze hin zu wölben, wird hier eine Art Senke in den Messerrücken geschmiedet. Vorteil: Ihr könnt damit Dinge aushöhlen und ausbohren, aufreißen und einstechen. Der Nachteil jedoch ist, dass normale Arbeiten wie Obstschneiden etwas schwieriger zu kontrollieren sind.

Zu guter Letzt möchten wir euch in das große Geheimnis des Materials einweihen. Wir wissen nicht, was Automatix im kleinen gallischen Widerstandsnest von Asterix und Obelix als Ausgangsmaterial für seine Klingen nutzte, aber wir stellen auch die gängigsten Stahlarten im Outdoor-Bereich vor.

DIE MATERIALFRAGE ENTSCHEIDEN!

» Mit **Karbonstahl** hast du eine widerstandsfähige Klinge, die einfach nachgeschärft werden kann und außerdem ordentlich was wegsteckt. Weniger gut kommt sie damit zurecht, wenn du Obst schneidest oder im gesalzenen Nudelwasser rumrührst. Wir raten dir, das Messer in diesen Fällen rasch abzuspülen und abzutrocknen.

» Die Alternative ist **rostfreier Stahl,** der deutlich weniger anfällig ist. Man sollte sich vom vielversprechendem Namen nicht veralbern lassen, auch dieser Stahl rostet natürlich irgendwann, aber das ist dann eher ein Problem eurer Enkelinnen und Enkel. So lange habt ihr Ruhe, aber auch ein Messer, das vielleicht weniger robust ist als das aus Karbonstahl.

So, das war's aber auch mit den Messern. Wir glauben, wir haben euch nun alles mit auf den Weg gegeben, was ihr für den Beginn eures Bushcraft-Abenteuers zu diesem Thema wissen müsst. Falls euch keins von den vorgeschlagenen Messern gefällt, habe ihr auf jeden Fall schon das nötige Wissen, um euch selbst eins auszusuchen, das richtig gut zu eurem Waldstyle passt. Tauscht euch auch mit euren Freunden aus, lasst euch gegenseitig mit eurem Gear arbeiten. Bei uns ist es oft so, dass Gerrit sich etwas anschafft und Andy es dann auch haben möchte, oder umgekehrt. Am Ende sieht das dann so aus, als wären wir immer fröhlich einheitlich ausgestattet. Das ist oft kein Anfangszustand, sondern ein Prozess. Wenn wir euch ein kleines Stück auf dem Weg mitnehmen dürfen, bleibt dabei, denn es geht um überlebenswichtige Dinge.

WAS SONST NOCH WICHTIG IST

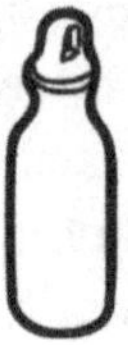

Die Überschrift ist vielleicht etwas irreführend. Klar sagen wir euch, was sonst noch wichtig ist, aber auch, wie ihr es findet oder selbst herstellen könnt. Das Erste ist die Quelle unseres Lebens: das Wasser.

WASSER

Der Rat: „Nehmt Wasser mit", klingt so simpel, aber es ist wirklich megasuperduper überlebenswichtig. Was für ein Dulli geht ohne Wasser auf Tour, denkt ihr. Aber das ist alles schon vorgekommen.

Vielleicht seid ihr der krasse Survival-Typ und sagt euch, dass ihr genug Wasser in der Natur findet, zur Not presst ihr Moos aus oder trinkt das Blut einer ... Ach, gehen wir hier nicht ins Detail. Alle anderen möchten wir warnen: Ihr seid nicht mehr innerhalb des Berliner S-Bahn-Rings, in der Altstadt von Düsseldorf und nicht in den Münchner Isarauen, wo das klare Gebirgswasser durch die Stadt sprudelt. Nur wer genügend hydriert ist, bleibt auch leistungsfähig.

In unseren Videos seht ihr uns oft mit PET-Flaschen in den Rucksäcken losziehen, wo es doch so viele schicke Trinkflaschen gibt. Stimmt schon, aber wir fanden eine Zeit lang, dass die PET-Flaschen einfach am leichtesten sind, und schworen deshalb darauf. Ihr könnt sie, falls ihr Bedenken wegen der Umwelt habt, mehrfach benutzen und so eure Ökobilanz etwas aufbessern.

Wenn es kalt wird, nehmen wir oft noch eine kleine Thermoskanne mit Tee mit. Zwar können wir uns auch draußen einen Kaffee kochen und tun das häufig, solltet ihr euch aber verletzen und irgendwo ausharren müssen, bis Hilfe kommt, ist ein warmes Getränk Gold wert.

Falls ihr an einem heißen Tag unterwegs seid und zwischendurch Wasser aufbereiten müsst, beschreiben wir euch gleich, wie ihr vorgehen könnt. Die Möglichkeiten reichen von „gut vorbereitet" bis hin zu „abenteuerlich".

Vorsicht, flüssig! Wichtig ist, dass ihr nicht in die Versuchung kommt, Wasser zu trinken, nur weil es klar und sauber aussieht. Dann müsst ihr leider oft sofort das Notfallset zur Hand nehmen und die Durchfalltabletten rauskramen. Ihr könnt, solange ihr die Quelle nicht vor euch habt, nicht sicher sein, ob nicht eine Kuh ihr Geschäft in dem Wasser hinterlassen hat oder ein toter Mader vor sich hinrottet. Vor allem in einem Land wie Deutschland, in dem so viel Massentierhaltung betrieben und so viel Jauche auf die Felder gefahren wird, kann man im Grunde nicht vorsichtig genug sein.

Dennoch gibt es verschiedene Arten, Wasser im Notfall so aufzubereiten, dass man es bedenkenlos trinken kann. Und all diese Hacks können auch sehr gerne miteinander kombiniert werden.

HACK 2: WASSER FILTERN MIT DREIECKTUCH

Mit dieser einfachen Methode könnt ihr Schwebeteile aus dem Wasser filtern und gleichzeitig das physikalische Gesetz der Schwerkraft beobachten, welches bewirkt, dass Wasser nach unten fließt. Alles, was ihr braucht, ist Geduld (also sollte der Durst noch nicht so arg sein), zwei Behälter, ein sauberes Dreiecktuch und die Möglichkeit, ein Gefälle herzustellen.

Füllt einen Behälter mit Wasser, stellt ihn oberhalb eines anderen Behälters ab. Nun hängt ihr das Dreiecktuch mit einem Ende in den oberen Behälter und mit dem anderen Ende in den unteren. Durch das Zusammenspiel von Kapillarwirkung und Schwerkraft sollte das Wasser nach und nach aus dem oberen Behälter durch das Tuch in den unteren fließen. Grobe Schwebestoffe werden bei diesem Prozess vom Tuch aufgefangen, und ihr habt damit den offensichtlichsten Dreck zunächst rausgefiltert.

Wem das zu lange dauert, weil der Durst nervt, kann auch eine Abkürzung nehmen: den leeren Behälter oben mit dem Dreiecktuch abdecken und das Wasser aus dem anderen Behälter langsam durch das Tuch in den leeren Behälter gießen. Nachteil: Durch den höheren Wasserdruck bleibt weniger Dreck im Tuch zurück, deshalb ist diese Methode nicht ganz so effektiv wie die oben beschriebene.

HACK 3: WASSER ABKOCHEN

Wenn ihr euer Wasser durch das Filtern von Schwebeteilen befreit habt, lasst es mindestens drei Minuten sprudelnd kochen, bevor ihr weitermacht. Besser sind sogar zehn. Der Kochprozess wird die Bakterien und Viren, die durch das Destillieren allein noch nicht aus dem Wasser verschwunden sind, so gut es geht, abtöten. Da sich aber ratzfatz neue Keime ansiedeln können, solltet ihr das Wasser nach dem Abkühlen so schnell wie möglich verbrauchen.

Falls ihr eine PET-Flasche dabeihabt, könnt ihr euch auch selbst einen Wasserfilter bauen. Als Survivor habt ihr das sicher schon 800 Mal getan. Für alle anderen ist es vielleicht eher eine Spielerei oder etwas für den fünften Tag nach der Zombieapokalypse, denn das Wasser wird zwar effektiv gereinigt, richtig gut schmeckt es aber nicht.

HACK 4: WASSERFILTER BAUEN

Für den selbst gebauten Wasserfilter braucht ihr:

» eine Einwegplastikflasche
» ein Grasbüschel
» Sand
» Kohle
» Kiesel
» ein Stück Stoff
» ein Gummiband oder Stück Kordel

Nehmt zuerst die Flasche zur Hand und schneidet sie einmal quer durch, etwa in der Mitte. Den unteren Teil könnt ihr benutzen, um das gefilterte Wasser aufzufangen, den Filter selbst baut ihr aus dem oberen Stück.

Schraubt den Deckel ab, und spannt das saubere Tuch über die Öffnung. Befestigt es mit dem Gummiband oder der Kordel, sodass das gefilterte Wasser hier noch einmal durchtropft. Nun dreht ihr das Ganze einmal auf den Kopf und drückt das abgerupfte Grasbüschel in die Flasche. Fertig ist eure erste Schicht! Dann nehmt ihr den Sand, rieselt ihn über das Gras, sodass ihr am Ende eine etwa drei Finger breite Sandschicht auf dem Büschel gebildet habt. Nun nehmt ihr die Kohle, zerstoßt sie gründlich und füllt etwa einen Finger breit über die Sandschicht. Wiederholt das Ganze ein- oder zweimal, danach legt ihr noch den Kies darüber. Wenn ihr eure Flasche richtig befüllt habt, müsst ihr als Nächstes ein Stück oberhalb der Kiesschicht mit einem Messer oder dem Korkenzieher eines Schweizer Messers zwei gegenüberliegende Löcher in den Flaschenrand bohren, eine Kordel hindurchziehen und zu einem Henkel binden, den ihr an einen tief hängenden Ast hängt. Nun gießt ihr oben das Wasser hinein. Wir wissen, es fließt langsam, und jeder Tropfen ist kostbar, aber schüttet dennoch die ersten 100 Milliliter weg, das ist sozusagen euer Spülwasser. Den Rest des Wassers fangt ihr, beispielsweise mit dem Flaschenboden, auf. Lasst es mehrfach durchlaufen, danach kocht ihr es ab und solltet vor der größten Magenverstimmung geschützt sein.

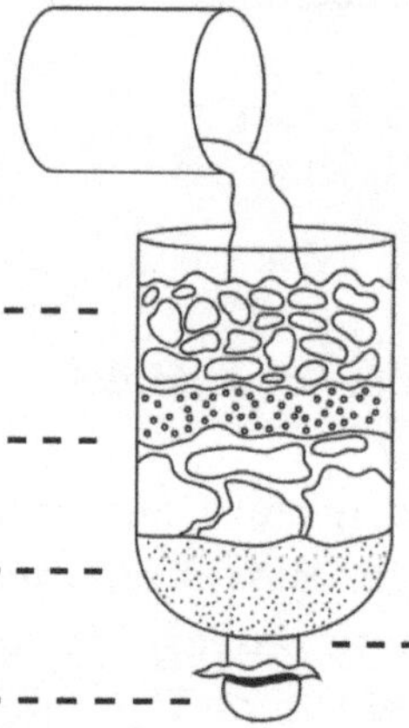

FILTERSYSTEM KAUFEN

Statt euch im Notfall auf diesen selbst gebauten und wirklich sehr primitiven Filter zu verlassen, könnt ihr auch einen fertigen Filter kaufen, der Bakterien sicher aus dem Wasser herausfiltert. Wie wir in den letzten Jahren gelernt haben, sind Viren wesentlich kleiner als Bakterien, doch all die vorgestellten Filter versprechen, die meisten Krankheitserreger, die für Übelkeit und Erbrechen verantwortlich sind, zu beseitigen.

Es gibt verschiedene Filter, von denen wir euch vier vorstellen möchten.

DER KLEINE KLASSIKER

Der Wasserfilter Sawyer Mini Point One ist ein megaleichter Begleiter, der bei einer Wanderung nicht viel Platz in eurem Rucksack wegnimmt und an dem ihr euch auch nicht totschleppt. Er ist nicht viel länger als eine kleine Taschenlampe, hat aber mehrere Kammern, durch die das Wasser läuft, funktioniert also physikalisch. Wenn ihr das Wasser mit eurer Flasche oder der mitgelieferten Trinktüte entnommen habt, schraubt ihr den Filter darauf (das erinnert ein bisschen an eine Capri-Sonne) und könnt direkt aus dem Filter trinken. Denkt daran, dass ihr, wenn ihr länger mit diesem oder anderen Filtern unterwegs seid, auch das Reinigungsgear mitnehmen solltet.

Nachteil: Er filtert Bakterien und Protozoen, also Einzeller, heraus, ist jedoch nicht darauf ausgelegt, Viren zu erwischen. Bei uns im Wald oder irgendwo am norwegischen Fjord ist das vielleicht noch in Ordnung, falls ihr aber in Asien oder Afrika unterwegs seid, reicht das nicht. Wir denken, jeder, der schon einmal eine Tour durch, sagen wir Indien, unternommen hat, wird euch zu einem etwas stärkeren Filter raten.

FACT-CHECK

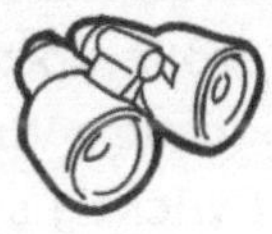

- € Etwa 35 Euro
- \+ Superleicht, einfache Bedienung
- \+ Leistung: Bis zu 450.000 Liter Wasser
- \- Filtert keine Viren

DIE LEICHTE ALTERNATIVE

Etwa genauso leicht wie der Sawyer ist der Katadyn-Be-Free-Wasserfilter mit Trinkbeutel. Dieses System filtert Bakterien und Protozoen und besteht aus einem Hohlmembranfilter. Das bedeutet, dass die Filterröhrchen hier nicht in einer Kapsel sitzen wie beim Sawyer, sondern offen unter einem Gitter zu sehen sind.

Das macht ihn sehr viel einfacher zu reinigen, ihr könnt ihn einfach ausspülen und müsst kein zusätzliches Gear einpacken. Praktisch: Sein Trinkbeutel wurde mit einer großen Öffnung ausgestattet, das hilft ungemein beim Wassersammeln. Der Nachteil daran ist, dass nur genau der Filter daraufpasst und auf den Filter auch nur der Beutel. Beim Sawyer beispielsweise könnt ihr jede andere Flasche daraufschrauben, hier nicht. Deswegen solltet ihr bei einer Tour wie ein Luchs auf euren Trinkbeutel aufpassen. Wenn der reißt oder verloren geht, habt auch ihr verloren.

FACT-CHECK

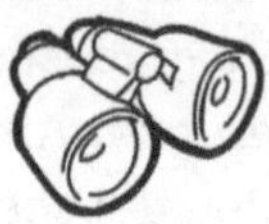

- € Etwa 38 Euro
- \+ Kein Reinigungsgear nötig
- \- Leistung: nur 1 000 Liter Wasser
- \- Nur verwendbar mit Trinkbeutel

DER GEGEN VIREN

Etwas größer, vor allem auch sperrig, aber immer noch leicht und gut zu stemmen ist der Grayl-Ultra-Press-Wasserfilter. Er besteht aus einem Becher, in dem man einen Filtereinsatz herunterdrückt wie bei einer French-Press-Kaffeekanne. Der große Vorteil: Er fischt neben den Bakterien und Protozoen auch viele Viren heraus, was, wie wir oben erwähnt haben, echt wichtig sein kann, wenn ihr euch außerhalb von Europa bewegt. Die Anwendung fällt nicht ganz so leicht. Ihr nehmt den Becher, füllt das Wasser hinein oder schöpft es mit dem Becher ab, dann stellt ihr ihn stabil auf, am besten auf einen flachen Untergrund. Das ist nämlich einer der Nachteile an diesem Filter: Man braucht etwas Kraft, um den Filtereinsatz herunterzudrücken. Wenn ihr Schwebeteile im Wasser seht, tut ihr euch einen Gefallen, wenn ihr sie vorher mit einem Tuch herausfischt (siehe Hack 2).

Steht euer Becher stabil, drückt ihr ihn mit beiden Händen herunter. Vielleicht müsst ihr dazu euer Körpergewicht benutzen. Bei dieser Kraftarbeit filtert der Grayl auch viel heraus und macht es relativ sicher, das Wasser danach zu trinken.

FACT-CHECK

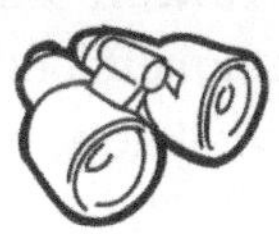

- € 70 Euro plus 30 Euro Ersatzfilter
- \+ Virenkiller
- \- Leistung: nur 250 Liter Wasser
- \- Handhabung nicht ganz easy

PUMPSYSTEM ANSCHAFFEN

Viele Bushcrafter schwören auch auf Filter mit Pumpsystem. Wir selbst haben dafür noch keinen Bedarf gehabt, aber stellen sie euch trotzdem vor. Vielleicht ist das ja genau euer Ding. Da gibt es beispielsweise den Moko Outdoor Water Filter. Dessen Pumpe ist auch nicht besonders groß, hat etwa die Ausmaße eines dickeren Smartphones oder eines dünneren Buchs. Dafür muss die Pumpe allerdings erst ausgeklappt und die Schläuche müssen angesteckt werden, was aber kein Hexenwerk ist. Wir haben den Filter bei einem Online-Kaufhaus für etwas über 50 Euro gefunden.

Eine Art der Wasseraufbereitung, die in Notfalleinsätzen hinzugezogen wird, sind Tabletten, die Bakterien und Viren abtöten. Wir haben auch diese noch nicht benutzt, möchten sie aber der Vollständigkeit halber erwähnen. So gibt es welche von Katadyn, die auch den Wasserfilter herstellen. Da die Tabletten chemisch wirken, brauchen sie erheblich länger in der Aufbereitung als die mechanischen Filter, dafür ist das Wasser länger vor einer erneuten Kontamination geschützt.

Bei allem Enthusiasmus darüber, was ihr mit Wasserfiltern alles erreichen könnt, solltet ihr sie doch nur im Notfall oder bei einer langen, einsamen Wanderung einsetzen. Einer Wanderung, bei der ihr tagelang zu Fuß marschiert und die euch wirklich an keinem Wasserhahn vorbeiführt. So lange sind wir beide selten unterwegs. Aber wir waren trotzdem neugierig, auszutesten, wie das mit dem Filterbau geht und welche Möglichkeiten es auf dem Markt gibt. Denkt auch bei kürzeren Touren daran, dass ihr nicht nur Wasser braucht, um euren Flüssigkeitsbedarf zu decken, sondern auch, um zu kochen oder vielleicht eine Wunde auszuspülen.

MÜCKENMITTEL, ZECKEN & CO.

Es gibt große Unterschiede zwischen dem Naturerlebnis im Wald in der Vorstellung und in der Realität. In der Vorstellung wandert ihr durch das Unterholz, unter euren Füßen knackt es, über euren Köpfen hämmert ein Specht, und das Rauschen der Blätter wirkt beruhigender als jedes ASMR-Video. Oh ja, wenn ihr abends im Bett liegt, kann der Gedanke an einen solchen Spaziergang euch schon in das Reich der Träume rüberwandern lassen. Und dann taucht irgendwo aus der Tiefe des Schlafzimmers ein Sirren auf, und ihr seid sofort knallwach, denn nun müsst ihr eine Mücke finden und töten. Bei der Jagd stolpert und fallt ihr, müsst euren dicken Zeh kühlen, außerdem habt ihr euch an den alten Bodendielen einen Splitter in den Fuß gerammt, und dabei glüht ihr sowieso schon, weil ihr am Nachmittag zu lange im Freibad wart und niemand euch den Rücken eingeschmiert hat. Das Fett, in dem die Pommes, die ihr dort gegessen habt, frittiert wurden, war schon ranzig, und deswegen schleppt ihr euch eiligst zur Toilette. All das, was ihr in diesem angeschlagenen Zustand braucht, sollte auch Bestandteil eurer Notfallausrüstung sein. Wobei wir nicht nur zu einem, sondern zu zwei guten Mückenmitteln raten, eins für die Haut und eins für Textilien. Die sollten mit der Sonnencreme separat aufbewahrt werden, einfach weil diese drei Flaschen zu groß für die meisten handlichen Notfallset-Beutel sind, zumal die praktischen kleinen Cremegrößen einfach finanzieller Quatsch sind.

SANISET

Immer dabeihaben solltet ihr:

» Sonnencreme mit hohem Lichtschutzfaktor
» Mücken- und Zeckenschutz
» Pinzette
» Lupe
» Desinfektionsmittel
» große und kleine Pflaster sowie Verband
» Blasenpflaster
» Hirschtalgcreme
» Steristrips
» Kühlpack
» Taschenwärmer
» Ibuprofen oder Paracetamol, Frauen vielleicht auch eine Buscopan gegen plötzlich auftretende Regelbeschwerden
» medizinische oder FFP2-Maske
» Toilettenpapier
» Durchfallmittel

WAS ES MIT DEN EINZELNEN PUNKTEN AUF SICH HAT, ERKLÄREN WIR EUCH HIER

Sonnencreme mit hohem Lichtschutzfaktor: Das wisst ihr hoffentlich schon selbst: Sonnencreme mit einem hohen Lichtschutzfaktor sollte für euch immer, wenn ihr draußen seid, eine Selbstverständlichkeit sein. Zwar schützt euch im Wald meistens das Blätterdach vor der direkten Sonneneinstrahlung, aber wenn ihr am See zeltet oder auf einem Feld unterwegs seid, werdet ihr am nächsten Tag mit einer verbrannten Rübe keinen Spaß haben.

Genauso raten wir euch, immer ein effektives **Mückenmittel** dabeizuhaben, das auch einen **Schutz gegen Zecken** bietet. Ihr glaubt gar nicht, wo wir in unserem Leben diese Viecher schon überall gefunden haben. Während Mücken in unseren Breiten einfach nervig sind und ihre Stiche den einen mehr oder weniger mit einem schlimmen Juckreiz nerven, können Zeckenbisse echt gefährlich werden. Gegen einige von der Zecke übertragene Krankheiten wie die FSME kann man sich impfen lassen, gegen andere wie die Lyme-Borreliose leider nicht. Eine Lyme-Borreliose ist eine durch Bakterien verursachte ernsthafte Krankheit, die unter anderem grippeähnliche Symptome und sogar Lähmungen verursachen und euch monatelang schwächen kann. Deswegen: Schützt euch, es ist verdammt wichtig! Und tut das übrigens nicht nur, wenn ihr im Wald unterwegs seid, ihr könnt auch im Park oder im eigenen Garten von einer Zecke gebissen werden, die diese Krankheit überträgt. Wir wissen, dass Sonnenmilch und Insektenschutz ordentlich was auf die Waage bringen, aber hier solltet ihr wirklich nicht am falschen Ende Gewicht sparen.

Es gibt sehr gute (Wander-)Karten, auf denen die FSME-Risikogebiete ausgewiesen sind. Informiert euch also vorab, bevor ihr euch in die Büsche schlagt.

Falls es doch eine Zecke geschafft hat, sich mit ihrem Maulwerkzeug in eurer Haut zu verbeißen, solltet ihr sie mit einer **Pinzette,** die ihr immer im Notfallset dabeihabt, herausziehen. Dabei wird von Ärzten geraten, sie nicht herauszudrehen, wie man es früher gemacht hat, sondern sie einfach gerade vom Körper wegzuziehen. Wie genau das geht, erklären wir im zweiten Teil des Buchs ab S. 168.

Wir werden alle nicht jünger, und jetzt lachen wir noch, aber irgendwann kommt sie, die Altersweitsichtigkeit. Wenn ihr dann nichts dabeihabt, werden Feinarbeiten zur echten Qual und gehen grandios schief. Gewöhnt euch deswegen jetzt schon an, für die Entfernung von Dornen oder Zecken eine kleine Lupe mitzunehmen. Mit der Pinzette könnt ihr außerdem Splitter herausziehen, die ihr euch bei den vielen von uns inspirierten Holzarbeiten zugezogen habt.

Solltet ihr euch in den Finger schneiden, von einem Tier gebissen werden oder gar von eurem Waldgefährten, zückt ihr das mitgenommene **Desinfektionsmittel** und sprüht es großzügig auf die betroffene Stelle. Das klingt nun so lustig, aber Menschenbisse sind tatsächlich mit die gefährlichsten Bisse, die ihr euch einfangen könnt. Behandelt erst die Wunde, kündigt dann die Freundschaft, okay? Falls eure Mitwanderer aber ganz harmlos sind und sich bei einem Sturz das Knie aufschlagen, wird das Desinfektionsmittel auch einen guten Dienst leisten. Klar ist der Tipp, so ein Mittel herumzutragen, heute etwas, das wir sowieso verinnerlicht haben, und die meisten von uns werden immer irgendwo im Alltag Desinfektionsmittel dabeihaben. Aber es gibt für Wunden noch einmal andere Mittel als die üblichen Handgels, die höllisch brennen, wenn sie auf eine offene Stelle gerieben werden. Glaubt uns, wir wissen, wovon wir reden. Das gängigste Mittel ist Octenisept, aber es gibt auch günstige Alternativen.

Wenn wir schon bei Wunden sind: Am ehesten wird es euch nach einem kräftigen Marsch an den Füßen zwicken, vor allem wenn die Schuhe neu sind oder ihr die falschen Socken tragt. Nehmt ein paar große und kleine Pflaster mit, eine Packung Blasenpflaster mit verschiedenen Größen für Ferse oder Zeh. Es ist erstaunlich, wie erleichternd die wirken und mit wie wenig Einsatz ihr euch von einem elendigen Leid befreit.

HACK 5: BLASEN VERMEIDEN

Wenn ihr es lieber rustikaler mögt, könnt ihr auf **Hirschtalgcreme** zurückgreifen. Hierfür müsst ihr schon vor der Wanderung mit der Behandlung beginnen und eure Füße im Laufe der Vorwoche abends eincremen. So werden sie wahnsinnig geschmeidig. Vor der Wanderung cremt ihr sie wieder ein und zieht euch ein ordentliches Paar Wandersocken an. Der Film der Creme in Kombination mit der weichen Haut sollte euch nun vor den fiesesten Blasen schützen.

Wir raten euch außerdem dazu, an **Steristrips** zu denken. Die kennt ihr bestimmt, das sind Klebestreifen für Wunden, die unter Umständen genäht werden müssten. In Deutschland ist das nächste Krankenhaus vielleicht noch nah, aber solltet ihr in der norwegischen Einöde sitzen, könnte es mit der richtigen Wundversorgung schwierig werden. Ganz wichtig, wirklich ganz wichtig ist, dass ihr auch hier die Wunde eins a desinfiziert und beizeiten jemanden draufschauen lasst, der oder die sich auskennt. Solltet ihr eure Verletzung einfach zukleben und sie fängt von unten an zu eitern, während sie sich oben wieder schließt, kann sich das zu einer gefährlichen Sepsis entwickeln. Damit ist nicht zu spaßen!

Ein durch Druck aktivierbares **Kühlpack** und einen **Taschenwärmer** solltet ihr ebenfalls mitnehmen. Unglücklich umknicken kann jeder, sich beim Bushcraften mit dem Hammer auf den Finger hauen auch. Vielleicht sticht euch aber auch ein Insekt, und in solchen Fällen werdet ihr für die Möglichkeit dankbar sein, eure Verletzung rasch kühlen zu können. Ähnlich ist es mit dem Taschenwärmer. Falls ihr euch verletzt, euch nicht mehr weiterbewegen könnt und auf Hilfe warten müsst, solltet ihr ein Auskühlen vermeiden. Ein Taschenwärmer, den ihr mit einem Knick aktiviert, spendet ein wenig Wärme. Das Schöne am Taschenwärmer ist, dass er kein Wegwerfartikel ist. Ihr könnt ihn zu Hause in kochendes Wasser legen, reinigen und desinfizieren und danach wieder mitnehmen.

Ibuprofen oder **Paracetamol** helfen gegen Kopfschmerzen jeder Art und gehören ebenfalls ins Notfallset. Falls ihr unter Regelbeschwerden leidet, ja, wir wissen, wir sind die Naturensöhne, aber Frauen sind bei uns immer mitgemeint, deswegen: Falls ihr zu Regelbeschwerden neigt, nehmt lieber auch eine Packung **Buscopan** mit, wir haben uns aus sicherer Quelle sagen lassen, dass dieses Mittel gut gegen Krämpfe wirken soll.

Die Toilettensituation im Wald ist eine spezielle, und dass ihr euch alle dafür interessiert, merken wir allein schon daran, dass unser Video „Kacken im Wald" (den QR-Code dazu findest du auf S. 200) eines der erfolgreichsten ist, das wir je online gestellt haben. Wir brauchen deswegen an dieser Stelle nicht zu wiederholen, wie das geht, und ihr habt ja sowieso Desinfektionsmittel für die Hände dabei. Versucht bitte nicht, euch mit dem superweichen Luxustaschentuch den Hintern abzuwischen und es anschließend schamhaft im Wald zu verbuddeln. Leute, wenn diese Taschentücher nicht mal mehr in der Waschmaschine zerfleddern, dann zersetzen sie sich auch nicht im Wald. Nehmt einfaches Toilettenpapier mit, und verbuddelt das nach Gebrauch so tief, wie es geht, wenn es nicht anders geht, okay? Leider kommt es häufiger als gedacht vor, dass man sich, sei es durch das falsche Kraut oder verunreinigtes Wasser, doch den Magen verdirbt. In diesen seltenen Fällen punktet ihr, wenn ihr ein **Durchfallmittel** dabeihabt. Das hilft euch aus dem Wald heraus und auch auf der Fahrt nach Hause.

Wir haben außerdem immer einen **Müllbeutel** im Erste-Hilfe-Set, den wir auch häufig brauchen, um unseren Krempel auch wieder herauszutragen. Und noch etwas: Ihr seid zwar im Wald und damit draußen in der Natur, aber ihr wisst nie, was passiert, also nehmt zur Vorsicht eine **medizinische Maske** mit.

Für die meisten kleinen Wanderungen oder Übernachtungen reicht ein Saniset dicke aus, und selbst das werdet ihr kaum brauchen. Solltet ihr aber bis unter die Nase mit Messern, Äxten und Sägen bewaffnet sein, weil ihr das gallische Dorf von Asterix und Obelix neu aufbauen möchtet oder ein 1:1-Modell von unserem Schlingelcamp im Wald plant, empfehlen wir euch, zusätzlich noch ein extra Verbandset einzupacken. Wieso? Es kann immer sein, dass ihr euch beim Schnitzen verletzt, beim Batoning auf die Finger haut oder mit der Säge oder der Axt ... Ach, das möchten wir gar nicht zu bildlich erklären, es reicht, zu sagen, dass solche Aktivitäten fehleranfällig sind und Blut fließen kann. Wie man damit und mit anderem Ungemach umgeht, erklären wir euch weiter hinten. Aber was sollte eigentlich in so einem Verbandset drin sein?

VERBANDSET

Wir finden in ein Verbandset gehören:

» eine Rettungsdecke
» ein Dreiecktuch
» steriler Verband, am besten mehrere
» Druckverbandset
» Einmal-Handschuhe
» Schere
» Gurt
» Klebestreifen oder „Schwiegermutter"

Gehen wir die Liste zusammen durch. **Rettungsdecken** sind diese silber- und goldfarbenen Sheets, die ihr auf verletzte Personen packen könnt, damit sie ihre Körpertemperatur nicht verlieren. Am häufigsten sieht man sie beim Marathon, weil die Sanitäter diejenigen, die es nicht durchs Ziel schaffen und vorher verletzt oder geschwächt aufgeben, darin einpacken. Aber auch Finisher wickeln sich darin ein, damit sie sich auf dem Nachhauseweg keine Erkältung einfangen. Wir haben vor vielen

Jahren ein Video zur Notfallausrüstung gemacht, da fehlte die Rettungsdecke noch. Uns haben aber so viele Kommentatoren darauf hingewiesen, dass sie wirklich sinnvoll ist, dass wir sie hier gerne aufnehmen. Da sie komplett aus Plastik besteht, bitten wir euch, sie auch in der großen Not, wenn Rettung naht, nicht im Wald zu vergessen.

Ein **Dreiecktuch** ist ein großes, stabiles, dennoch dünnes Tuch. Ihr dürft raten, welche Form es hat. Damit könnt ihr Schlaufen für verletzte Arme binden oder einen Kopf so umwickeln, dass ein Kühlpack hält. Oder eine Bandage an Fuß, Knie oder Ellenbogen anlegen. Bedenkt, dass das Tuch kein steriler Verband ist und deswegen nicht direkt auf eine blutende Wunde oder schlimmer noch in eine blutende Wunde gelegt werden sollte.

Da sind wir schon beim Thema **steriler Verband.** Packt davon mehrere Päckchen ein, mit denen ihr Druckverbände herstellen könnt. Ein **Druckverbandset** ist auch perfekt. Zwar könnt ihr auch mit einem Stein oder etwas anderem einen guten Druckverband herstellen (hier wieder der Hinweis darauf, dass wir euch das weiter hinten erklären), aber wenn ihr einen fertigen dabei habt, ist das auch keine schlechte Idee. Druckverbände sind etwas teurer, wir tragen immer den TacMed Solutions für etwa 14 Euro mit uns herum, der sofort einsetzbar ist. Wie gut, dass wir ihn noch nie gebraucht haben!

Einmal-Handschuhe sollten auch mit, denn beim Bushcrafting sauen wir uns die Hände ein, vor allem haben wir Dreck unter den Fingernägeln, und wenn wir Erste Hilfe leisten müssten, wüssten wir gar nicht, wie wir das alles wegbekommen. Ein Handschuh schützt die Wunde vor Bakterien, das ist nie eine schlechte Idee.

Ob ihr eine **Schere** mitnehmt oder nicht, ist Geschmackssache. Einerseits könnt ihr damit im Notfall schnell die Klamotten des Verletzten oder der Verletzten aufschneiden, um an die Wunde zu gelangen. Andererseits habt ihr hoffentlich ein gutes, scharfes Messer zur Hand.

Ein kleiner **Gurt** ist ein tolles Hilfsmittel, um einen Druckverband herzustellen, und deswegen auch empfehlenswert.

Zu guter Letzt folgen die **Klebesstreifen** und **Schwiegermütter.** Falls ihr es nicht wisst, wir meinen nicht eure leibhaftige Schwiegermutter, das wäre nun wirklich zu viel verlangt, sondern diese kleinen Metallklammern, die von einem elastischen Band zusammengehalten werden. Damit könnt ihr das Ende des Verbands befestigen, ohne ihn zerschneiden zu müssen. Oder ihr nehmt einfach Klebestreifen mit, das geht auch.

Wenn ihr all das in ein kleines Pouch packt und euch genau merkt, wo es im Rucksack sitzt, am besten immer am gleichen Ort, wie der Deckelklappe, dann seid ihr für den Notfall gut gerüstet.

Jetzt haben wir euch mit so vielen abschreckenden What-ifs genervt, dass ihr euch sicher fragt, wann der Spaß endlich beginnt. Ja, wir kommen dazu. Jetzt geht es nämlich um tolles Gear für tolle Mahlzeiten. Yummy!

TISCHLEIN DECK DICH

Stellt euch vor, ihr seid im Wald, baut euch ein gemütliches Lager und bekommt richtig Hunger vom ganzen Bushcrafting, dann ... Ja, was dann? Freunde von uns haben es wirklich vor Urzeiten hinbekommen, Pizza in den Wald zu bestellen, aber das ist eher die Ausnahme, und Lieferando kommt ganz sicher nicht bis zur nächsten Lichtung. Deshalb ist es wichtig, dass ihr genug Proviant dabeihabt. Für ein paar Stunden reichen Wasser und eine Klappstulle, aber wenn ihr länger unterwegs seid, müsst ihr vorplanen. Außerdem: Wer will schon ein olles Pausenbrot, wenn man sich im Freien anders verpflegen kann? Wir haben Listen von Dingen erstellt, die ihr für euer leibliches Wohl braucht.

VON KOCHERN UND FEUERN

Klar könnt ihr die Natur auch bei Brot und Wasser genießen. Doch mit einem heißen Käffchen oder Tee in der Kralle und einer warmen Mahlzeit im Bauch bringt ein Bushcraft-Tag gleich viel mehr Spaß. Deswegen braucht ihr irgendetwas, womit ihr Wasser erhitzen oder kochen könnt. Zum Glück gibt es da verschiedene Möglichkeiten:

» Wir benutzen häufig einen **Spirituskocher.**
» Oder wir bedienen uns eines **Gaskochers.**
» Ein **Esbit-Kocher** ist ebenfalls eine Möglichkeit.
» Beim **Hobo-Kocher** kommt Lagerfeuerfeeling auf.

Wenn euch das alles nichts sagt, keine Panik, wir gehen selbstverständlich noch einmal ins Detail.

WAS IHR ÜBER DEN SPIRITUSKOCHER WISSEN SOLLTET

Der **Spirituskocher** kann bei jedem Wind und Wetter aufgestellt werden. Ein echter Vorteil! Der Nachteil folgt auch sofort: Die Flamme ist leider nur mit einiger Frickelei regulierbar, weil ihr dazu die kleine Klappe über dem Brennelement verschieben müsst. Ist das Brennelement schon ein paar Minuten in Benutzung, wird das eine richtig hitzige Angelegenheit. Nehmt dazu euren Löffel oder ein Messer, versucht es nicht mit bloßen Händen! In Situationen, in denen euch der Nordwind die Mütze dauernd vom Kopf weht und der Magen irgendwo „im Süden" eures

Körpers hängt, ist der Spirituskocher immer noch die bessere Wahl, denn er erlischt bei diesen Windbedingungen nicht. Er setzt sich aus einem kleinen Brenner, einem Windschutz und einem Topf zusammen. Es gibt aber auch mehrteilige Sets, in denen ein Sieb, eine Pfanne oder ein Teekessel enthalten sind. Der Vorteil dieser Sets ist, dass sie aus Aluminium sind, rasch aufgebaut und blitzschnell eingesetzt werden können und perfekt ineinanderpassen, sodass ihr ein kompaktes, leichtes Set herumtragt und nicht das Gefühl bekommt, eure halbe Kücheneinrichtung auf dem Rücken zu balancieren. Ihr könnt auch nur das kleine Brennelement mitnehmen, wenn ihr es ganz simpel haben wollt, müsst euch dann aber zur Not selbst einen Stand für den Topf basteln. Ein weiterer Nachteil des Spirituskochers liegt darin, dass ihr nicht nur den Brenner, sondern auch den schweren Spiritus mitschleppen müsst. Und wenn ihr lange, lange unterwegs seid, wo kauft ihr den nach? In Deutschland geht das ja noch, aber falls ihr im Ausland unterwegs seid, erkundigt euch schon mal vorher, ob es den in eurer Zielregion zu kaufen gibt. Wir haben in unserem Freundeskreis schon Geschichten von so manch einer Enttäuschung gehört.

FACT-CHECK

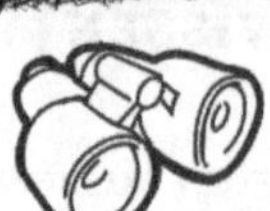

- € Ca. 70 Euro (z. B. von Trangia)
- \+ Schneller, einfacher Aufbau
- \- Schwerer Spiritus im Gepäck

WAS IHR ÜBER DEN GASKOCHER WISSEN SOLLTET

Nicht ganz so wetterfest ist der **Gaskocher.** Er ist ebenfalls sehr schnell einsatzbereit, und es gibt megaleichte Aufschraubmodelle. Aber Vorsicht: Wenn der Wind bläst, noch nicht einmal sehr kräftig, wird die Flamme ohne Schutz rasch ausgepustet. Das hier ist also die Lösung für windstillere Tage.

Wir nehmen oft den Primus Express Stove mit, der nicht mehr Gewicht aufbringt als ein paar Wäscheklammern und ausgeklappt auch fast so aussieht. Dieses kleine Gebilde schraubt ihr einfach auf eine kleine Kartusche auf, zündet es an und voilà: Ihr habt eine Kochstelle, auf der ihr eure Mahlzeit zubereiten könnt. Meistens sind diese Kocher sogar mit einer Piezozündung ausgestattet, das heißt mit einem Druckknopf, der dafür sorgt, dass die Flamme ohne Feuerzeug oder Streichholz angeht. Wenn wir etwas am Gaskocher aussetzen dürfen, dann, dass er laut zischt, denkt an das Geräusch eines Gasherds oder einer Therme.

FACT-CHECK

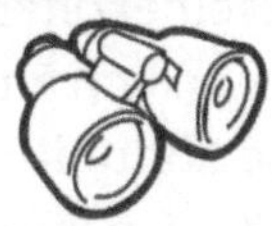

- € Preis: ca. 40 Euro plus Kartusche
- \+ Fliegengewicht
- \- Nicht bei Wind geeignet

WAS IHR ÜBER DEN ESBIT-KOCHER WISSEN SOLLTET

Wer keine empfindliche Nase hat oder auch erst einmal klein anfangen möchte, vielleicht eher mit einer Tasse Kaffee statt mit einem richtigen Menü, der ist mit einem **Esbit-Kocher** gut bedient. Noch nie gehört? Esbit ist eine Abkürzung und steht für „Erich Schramms Brennstoff in Tablettenform", und da wisst ihr auch gleich genau Bescheid, was es sein könnte: Ein helles Tab, das in eine Metallbox gelegt und angezündet wird. Das ist superpraktisch für kleine Dinge, zum Aufwärmen von fertiger Nahrung oder für ein Heißgetränk. Größere Gerichte werden euch damit jedoch nicht gelingen. Einen kleinen Esbit-Kocher gibt es schon ab etwa sieben Euro zu kaufen, und die Tabletten selbst kosten auch keinen Euro pro Stück.

FACT-CHECK

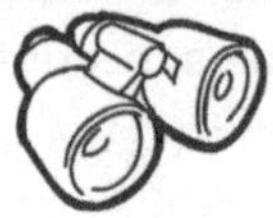

- € Ca. 7 Euro
- \+ Einfache Verwendung
- \- Nur für Heißgetränke oder zum Aufwärmen von Speisen

Ein richtiges Lagerfeuerfeeling bekommt ihr durch den **Hobo-Kocher.** Das ist im Grunde eine Sammelbezeichnung für all die Kocherarten, bei denen ihr euch mit einem Metallbehälter den Kamineffekt zunutze macht. Wir lieben diese Art von Kochern und ziehen sie allen anderen inzwischen vor, aber nur wenn wir durch ein Gebiet ohne Waldbrandgefahr wandern. Das ist bei allen Kochern wichtig, aber beim Hobo-Kocher mit seiner offenen Flamme umso mehr. Vorteil des Hobos: Ihr tragt wirklich einen Korb aus Titan, der wiegt fast nichts! Diese Körbe könnt ihr als Faltversion kaufen, beispielsweise die Bushbox XL. Sie wird in einer Nylonpacktasche geliefert, die kaum größer als eine Parkscheibe ist und auch etwa die Form hat. Den Kocher klappt ihr auseinander, legt den Bodenrost und den Aschefang richtig ein, setzt dann die Topfauflage drauf, fertig ist das ganze Gerät, auf das ihr sogar einen etwas schwereren Topf stellen könnt. Der Nachteil des Hobo-Kochers ist neben der Brandgefahr, dass ihr meist losmarschieren müsst, um trockenes Feuerholz und Zunder zu sammeln. Wir raten euch in diesem Fall dringend dazu, eine kleine Tasche mit Zunderspänen mitzunehmen, damit beschleunigt ihr die Sache. Sonst fangt ihr gerade erst an, während eure Freunde mit dem Gaskocher schon längst ihr Süppchen löffeln. Theoretisch müsst ihr den Hobo-Kocher auch nicht mit Holz befeuern, sondern könnt einen Spriritus- oder Esbit-Brenner reinsetzen, aber das Schöne am Hobo ist ja das Flackern der Flamme, wir finden das supergemütlich.

FACT-CHECK

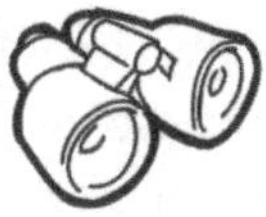

- € Ca. 80 Euro
- \+ Lagerfeuerfeeling pur
- \+ Leicht im Transport
- \- Nur in Gebieten ohne Waldbrandgefahr einsetzbar

HACK 6: DIY HOBO-KOCHER

Wir haben vor Jahren zum Spaß einen Hobo-Kocher aus einem Edelstahl-Besteckkorb von Ikea gebastelt (QR-Code siehe S. 200). Wobei basteln zu viel gesagt ist, denn wir haben da einfach unser Zeug reingesteckt und angezündet. Das Körbchen funktionierte hervorragend, das Feuer zog, wir waren total fasziniert.

Wenn ihr lieber auf einem Lagerfeuer kochen möchtet und nicht auf einem Kocher, hey, wir können das gut verstehen und finden das auch echt urig. Leider ist es nicht so einfach, auf einem Feuer zu kochen, wie ihr euch das jetzt vielleicht vorstellt. Ihr müsst ziemlich oft umrühren, damit euch das Zeug nicht anbrennt, und euer Topf sollte stabil stehen, damit euch nicht alles umkippt. Wäre doch schade, wenn ihr statt der Spaghetti doch nur wieder Graubrot essen müsstet. Um die Sache einfacher zu machen, könnt ihr euch einen **Pfannenknecht** zulegen.

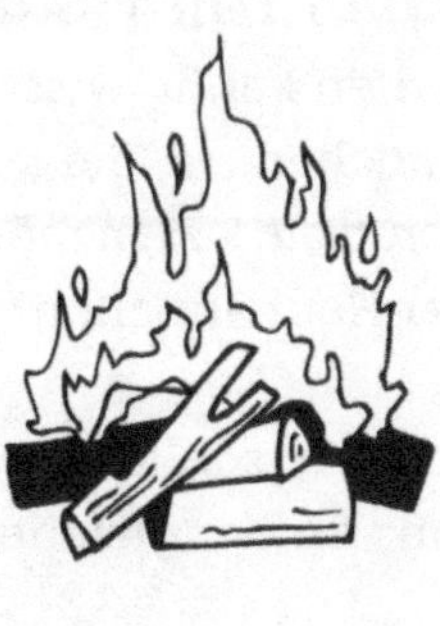

HACK 7: PFANNENKNECHT BENUTZEN

Gut möglich, dass ihr euch unter dem Wort gar nichts vorstellen könnt, denn in einem normalen Haushalt kommt dieses Teil nicht vor. Er erinnert aber an einen Gegenstand, der sich vielleicht nicht mehr in eurem, aber ganz sicher im Haushalt eurer Oma findet: das gute alte Stövchen. Wie beim Stövchen sorgt auch der **Pfannenknecht** dafür, dass etwas über eine Flamme gestellt werden kann. Ihr klappt ein paar Metallbeine und -bügel aus, und schon bildet sich eine dreieckige Abstellfläche mit drei Stelzen. Das Gestell kommt auf das Lagerfeuer, nun könnt ihr prima Holz nachlegen, die Luft darf strömen, und euer Topf oder eure Pfanne steht schön fest. Richtig cool, oder besser: hothothot.

DAS TAFELSILBER

Mit dem Kocher ist es leider noch nicht getan, ein bisschen Gear müsst ihr noch herumschleppen. Nämlich **Töpfe** und **Geschirr**, falls das nicht bei eurer Kocherwahl enthalten ist, und ein kleines **Brettchen**. Die aus Bambus sind am leichtesten! Nehmt euch auch eine **Tasse** für Wasser oder Kaffee mit und unbedingt noch **Besteck** zum Essen und zum Schneiden. Damit ihr nicht verdurstet und auch Wasser zum Kochen habt, müsst ihr Flaschen mitschleppen. Wir stehen auch auf frischen Kaffee, und damit wir keinen Pulverkaffee trinken müssen, haben wir uns eine fette **Kaffeekanne** gegönnt.

WELCHE TÖPFE WOLLT IHR TRAGEN?

Wenn ihr uns ein bisschen kennt, wisst ihr, dass wir gerne in **Dutch-Oven-Töpfen** kochen. Ja, die sind klasse und perfekt, wenn ihr etwas länger brutzeln lassen möchtet. Erinnert ihr euch beispielsweise an unser Heuhähnchen? (QR-Code auf S. 200)

Mann, war das lecker. Aber schließlich sind wir zwei starke Menschen, die meistens an der gleichen Kochstelle zugange sind. Und dafür sind diese Töpfe ein Traum, und ihr könnt so variantenreiche Gerichte zubereiten, dass die Schwarte nur so kracht. Aber wenn ihr mit dem Rucksack durch die Landschaft wandert und nicht wisst, wo und wie lange ihr kochen könnt, sind diese Töpfe nicht das richtige Gear.

Wir schlagen stattdessen vor, leichte Edelstahltöpfe einzupacken. Andy schwört ja sowieso auf alles von Tatonka. Das lässt sich gar nicht leugnen. Der Vorteil bei den Tatonka-Töpfen ist für uns, dass wir nicht nur einen Topf mit Deckel bekommen, sondern den Deckel auch noch als Bratpfanne nutzen können. Wir wissen, das machen andere Hersteller auch, aber bei Tatonka finden wir das besonders gelungen. Diese Töpfe gibt es einzeln oder als Set, und sie können platzsparend ineinandergesetzt werden. So klötert nichts bei euch im Rucksack herum, und einen Leistenbruch bekommt ihr davon auch nicht. Macht nur nicht den gleichen Fehler wie Andy. Er hat sich zuerst einen 2,5-Liter-Topf gekauft hat, der viel zu klein war. Winzig sozusagen. Wie ihm dieser Fehler unterlaufen konnte, wissen wir bis heute nicht. Er müsste doch selbst am besten wissen, wie viel wir beiden in der Natur in uns reinschaufeln können! Soll heißen: Mit dem, was in den kleinen Topf passte, sind wir nicht satt geworden, und der arme Andy musste dann noch einen zweiten kaufen, in den vier Liter passen. Der kostet etwa 45 Euro. Wichtig ist, dass ihr bei euren Töpfen darauf achtet, dass ihr auch eine Griffzange dabeihabt, wenn sie keinen Pfannenstiel oder Henkel besitzen. Wie wollt ihr sonst das heiße Ding handhaben? Ein Topf allein stillt noch keinen Hunger, man muss ihn auch anfassen können.

Es gibt sowohl die schweren als auch die leichten Töpfe, auch von anderen Marken. Schaut euch einfach an, welche euch gefallen. Es nützt gar nichts, einen Topf zu kaufen, weil wir ihn gerne benutzen, wenn euch das Design nicht überzeugt. Wir möchten auf keinen Fall, dass ihr am Lagerfeuer deswegen in eure Suppe heult!

TASSEN

Bei den Tassen haben die Naturensöhne unterschiedliche Präferenzen, aber das ist auch in Ordnung. Gerrit steht auf die nordischen **Kuksatassen**. Kuksa ist keine Marke, sondern die traditionelle Tasse der Samen, so haben wir uns sagen lassen. Diese Tassen sind meistens aus Birkenholz geschnitzt, megaleicht, und man muss oder darf sie nur mit Wasser ausspülen. Das Holz speichert die Wärme gut, sodass der Kaffee auch nicht so schnell kalt wird. Zahlen müsst ihr für so ein Modell mindestens 13 Euro, es gibt auch welche für 50 oder 70 Euro. Weiter hinten erklären wir euch sogar, wie ihr euch selbst eine Kuksatasse schnitzen könnt, also bleibt ... ihr wisst schon.

Andy hingegen mag seine Tasmanian-Tiger-Edelstahltasse (ab etwa 15 Euro). Das Pendant von Decathlon gibt es ab etwa vier Euro. Diese Tasse hat sogar eine Messskala an der Innenseite, sodass ihr sie als groben Messbecher benutzen könnt.

Bei den Tellern sind wir ganz unkompliziert mit Edelstahltellern unterwegs. Andy liebt seine Schale mit Griff von Tatonka (ab 14 Euro), es kann aber auch wirklich ein anderer Hersteller sein; vielleicht würde das Andy, wenn er sehr hungrig ist, gar nicht merken. Der Vorteil von Edelstahl gegenüber anderen Materialien ist, dass ihr die Teller auch mal mit Sand ausreiben und reinigen könnt, ohne dass sich irgendeine giftige Beschichtung löst, die euch in Aliens verwandelt.

Selbstverständlich könnt ihr Messer, Gabel und Löffel von zu Hause mitnehmen, wenn ihr nicht sofort wieder Geld ausgeben möchtet. Packt euch das Bushcraft-Fieber, so werdet ihr euch früher oder später dennoch für ein eigenes Campingbesteck entscheiden. Erstens gibt es zu Hause mitunter Ärger, wenn der gute WMF-Löffel im Wald vergessen wurde. Oder lasst es auch den Ikea-Löffel sein, es ist sauärgerlich, plötzlich nur noch elf statt zwölf von einem Set in der Schublade liegen zu haben. Außerdem ist ein gutes Campingbesteck meist leichter als das, was ihr zu Hause habt, und lässt sich praktisch ineinanderstecken, sodass nichts lose im Rucksack herumfliegt. Außerdem ist es auch geil, ein bisschen Küchengear im Ausrüstungsschrank oder in der Ausrüstungsschublade liegen zu haben. Ihr braucht, wenn ihr auf Tour geht, dann nur dorthin zu gehen und könnt an einem Ort alles, was ihr braucht, in den Rucksack packen. Das hilft, den Überblick zu behalten.

BESTECK

Andy hat auch beim Besteck eine Präferenz. Hier liebt er seins aus Titan. Das Metall Titan ist stabil, und die daraus gefertigten Gegenstände sind dennoch mega leicht. Auch Pfannen, Töpfe und Becher gibt es aus Titan, es ist aber auch ein wenig teurer, weshalb wir euch für den Einstieg die Edelstahlvarianten empfehlen. Ein gutes **Titanbesteck** könnt ihr für etwa 35 Euro von Esbit kaufen (ja, die von der Brennpaste). Meistens werden bei Campinggeschirr die Flächen in den Griffen ausgespart, um noch zusätzlich an Gewicht zu sparen. Ein Trick, der auch bei Edelstahlbestecken angewandt wird. Die sind zwar insgesamt etwas schwerer, dafür aber auch günstiger. Gerrit schwört, und nicht der alten Zeiten wegen, auf das **Bundeswehrbesteck**, das es schon ab etwa zehn Euro gibt, und dann ist da auch noch ein Dosenöffner dabei. Nehmt auf jeden Fall noch einen Löffel und einen Pfannenwender aus Holz mit. Die wiegen auch nicht viel, und eure Töpfe werden es euch danken, vor allem die beschichteten.

Vielleicht trinkt ihr ja nur Kräutertee aus eigenhändig im wilden Teil des Waldes bei Mondschein geernteten Blättern. Vielleicht trinkt ihr auch sehr fröhlich und ohne Reue Instantkaffee. Wir selbst sind einem Chai Latte mit Aromazusatz nicht abgeneigt, soll heißen: Wir urteilen nicht über euch. Wenn wir euch aber dennoch etwas empfehlen können, dann eine **Outdoor-Kaffeekanne**.

KAFFEEKANNE

Wir genießen es einfach, morgens eine frische Tasse Kaffee zu trinken, dabei in die Baumwipfel zu starren oder dem Rauschen der Blätter zuzuhören. Deswegen haben wir uns den Petromax Perkolator zugelegt, bei dem kochendes Wasser durch ein mit Kaffee gefülltes Sieb gedrückt wird. Es gibt ihn aus Emaille oder aus Edelstahl, er fasst 1,5 beziehungsweise 2,1 Liter und kostet zwischen 45 und 70 Euro. Auch hier wieder der Hinweis: Es gibt dieses System auch von anderen Marken, es lohnt sich, nach dem zu schauen, was einem selbst am ehesten liegt!

Wir schwören seit Jahren, und wir sind sicher, das habt ihr schon mitbekommen, auf **Nalgene-Flaschen**. Die sind schön weithalsig, und ihr bekommt sie zu Hause problemlos sauber. Eine Zeit lang waren wir auch ultralightmäßig unterwegs, wollten immer ausprobieren, wo wir noch Gewicht sparen können, und in der Phase haben wir auch einfach nur PET-Flaschen mitgenommen. Aber aus der Phase sind wir auch schon wieder etwas raus und greifen vermehrt zur nachhaltigeren Lösung.

HACK 8: DER FLASCHEN-MIX

Nehmt am besten zwei richtig große Flaschen mit, die weithalsig sind, darin könnt ihr euer Kochwasser herumtragen, und eine kleinere mit engerem Hals, um daraus zu trinken.

Neben dem ganz offensichtlichen Nutzen gibt es noch etwas, wofür wir die Nalgene-Flaschen schätzen gelernt haben. Wenn ihr eure Lampen vergessen habt oder die Batterie leer ist, könnt ihr die Taschenlampenfunktion eures Handys anstellen und das Handy unter eine Flasche legen. Das ist zwar nicht die hübscheste Lösung, aber zaubert atmosphärisches Licht.

Wir verstehen, wir verstehen: Mit all dem Gerede von Tassen und Tellern und Besteck haben wir euren Appetit angeregt und ihr fragt euch, was ihr damit überhaupt anfangen könnt, wenn wir euch kein Rezept liefern. Bei uns muss niemand hungrig nach Hause gehen, deswegen haben wir einen Tipp, was ihr kochen könnt.

HACK 9: PENNE ALL'AMATRICIANA

Das ist ein schönes, schnelles, nicht zu kompliziertes Gericht, das hammermäßig gut schmeckt, wenn es draußen schon etwas kälter wird. Zu Hause nehmen wir hierfür gerne Spaghetti, die kurzen Penne eignen sich jedoch besser für kleinere Campingtöpfe.

Wir nehmen für uns beide zusammen, weil wir echt krasse Esser sind:

» 500 g Penne
» eine Handvoll geriebenen Hartkäse wie Parmesan, Pecorino oder Gran Padano
» eine Dose geschälte Tomaten
» eine Zwiebel
» eine Knoblauchzehe
» 200 g Speck, Pancetta im Original
» eine Chilischote
» Salz
» Pfeffer
» Olivenöl
» einen Topf
» eine Pfanne

Erst schält und würfelt ihr die Zwiebeln und den Knoblauch. Lasst den Speck aus, bis er leicht braun wird. Darauf werft ihr nun die Zwiebeln und den Knoblauch, rührt regelmäßig in der Pfanne herum, bis euch langweilig wird. Dafür brennt nichts an.

Nach etwa fünf Minuten leert ihr die Dose geschälter Tomaten in die Pfanne, fügt ein wenig Salz und Pfeffer hinzu, die Chilischote und lasst die Soße unter weiterem Rühren reduzieren. Zu Hause könnt ihr die Chilischote frisch schneiden, aber im Camp, wo ihr die Schärfe nicht so gut von den Fingern bekommt, möchten wir euch das nicht empfehlen.

Wenn ihr könnt, bringt schon einmal das gesalzene Wasser für die Penne zum Kochen. Wenn ihr nur eine Flamme habt, nehmt die Soße nach 15 Minuten vom Feuer und deckt sie ab. Bringt dann das Wasser zum Sprudeln und werft die Penne hinein.

Wenn sie durch sind, nehmt einen Löffel Kochwasser, schüttet es in die Soße und wärmt sie unter Rühren auf. Davor gießt ihr noch die Nudeln ab und rührt sie unter die Soße, streut den Käse darüber und schmeckt das Gericht mit dem Olivenöl ab. Wir finden, das ist eines der köstlichsten Gerichte, das wir auf die Schnelle hinbekommen!

UNSER SOULFOOD: PASTA!

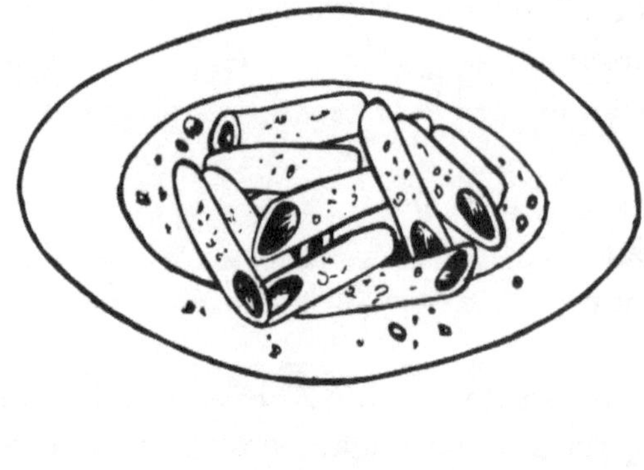

Leider ist es im Wald wie zu Hause und nicht wie im Restaurant: Den **Abwasch** müsst ihr schon selbst machen. Teller und Besteck könnt ihr einfach mit Wasser abspülen. Vertrackter wird es mit Töpfen und Pfannen, bei denen Angebranntes am Boden haftet. Falls ihr nur einen Tag unterwegs seid und das Zeug nicht mehr braucht, packt ihr es einfach ein und reinigt es zu Hause. Seid ihr auf einer Mehrtagestour und möchtet am nächsten Tag noch fürstlich speisen, braucht ihr nicht zu verzweifeln.

HACK 10: TÖPFE UND PFANNEN IM WALD SÄUBERN

Habt ihr kein Wasser zur Hand, könnt ihr einen Fetzen Moos suchen und damit den Topf auswischen. Danach nehmt ihr, außer bei beschichteten Töpfen, in denen sowieso nichts anbrennen sollte, eine Handvoll Sand. Reibt den Sand über den Topfboden. Gebt unter Umständen noch einen Schuss Wasser hinzu. Seht ihr, wie sich die Kruste ablöst? Das ist der gleiche Effekt wie bei einer Scheuermilch. Nachdem ihr euren Topf mit dem Sand traktiert habt, wischt mit Moos nach und spült mit Wasser aus. Könnt ihr euer Spiegelbild im Topfboden sehen? Sicherlich!

Wir hoffen, dass wir euch neben dem ganzen Gearporn auch Lust gemacht haben, im Wald zu kochen und nicht nur eine Dose Ravioli aufzuhebeln. Das kulinarische Leben draußen muss wirklich nicht vom Mangel geprägt sein, sondern kann eine tolle Abwechslung zum immer gleichen Kakao am immer gleichen Küchentisch sein. Zum Komfort trägt selbstverständlich bei, wenn ihr euren Feuertopf nicht essen müsst, während sich das Regenwasser im Kragen sammelt. Wie ihr es hinbekommt, nicht im Regen zu stehen, erklären wir euch jetzt. Wenn ihr dabeibleibt.

IHR UND DIE ELEMENTE – MACHT EUCH WETTERFEST

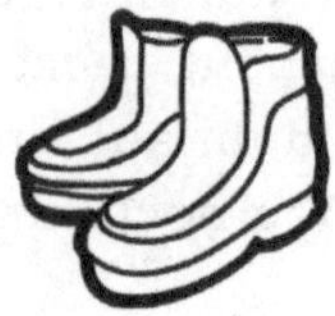

Hin und wieder werden wir nass. Ihr glaubt gar nicht, wie verfroren und triefend wir schon aus dem Wald nach Hause gefahren sind, weil wir Dullis nicht daran gedacht hatten, uns ordentlich vorzubereiten. Meistens macht es uns nichts aus, weil wir echt etwas abkönnen, das muss die Abhärtung sein. Doch es gibt eine Stelle am Körper, da können wir Kälte gar nicht ab, und es geht uns lustigerweise beiden so: Wir sind vor allem an den Füßen kälteempfindlich. So jetzt ist's raus. Doch solange unsere Schuhe dicht halten, was sie meistens tun, bleiben wir fröhlich.

Gerrit trägt noch ein kleines Bundeswehrtrauma mit sich herum. Er war während seiner Ausbildung mitten im kalten Winter draußen unterwegs und musste mit seinen Kameraden im Freien ein Lager aus dem Hut zaubern. Überall lag Schnee, aber sie haben es trotzdem geschafft, sich einen Schutz aufzubauen und mit den Schlafsäcken hinzulegen. Leider fing es genau dann, als Gerrit selig schlief, heftig an zu tauen. Der Schnee schmolz schnell und schneller und bildete überall tiefe Pfützen. In einer dieser Pfützen wachte Gerrit auf und stellte fest, dass nicht nur er, sondern alles nass war: Schlafsack, Rucksack, Schuhe. Vom Tauwasser überschwemmt und schlammig. Wenn man sich in solch einer bescheidenen Situation wiederfindet, können einem schon Zweifel kommen, ob das alles unbedingt sein muss. Dieses Gefühl verschwindet rasch, wenn man sich in ein warmes Auto mit Sitzheizung werfen kann und sich zu Hause unter die Dusche stellt, während das dreckige Zeug schon in der Waschmaschine gereinigt wird. Wenn man aber in so einer Situation weitermarschieren muss und erst am Abend in eine Kaserne zurückkommt, ist das weniger angenehm. Der arme Gerrit ist zwar inzwischen nicht mehr stark von dieser Aktion traumatisiert, denkt aber trotzdem immer an seine Regenjacke.

REGENJACKE ODER -PONCHO

Egal, wie sonnig es aussieht, ihr solltet nie vergessen, eine **Regenjacke** einzupacken. In weiten Teilen Deutschlands ist die Wettervorhersage zwar sehr präzise, wenn ihr aber in den Bergen oder am Meer unterwegs seid, kann ein Wetterumschwung jederzeit sehr plötzlich kommen. Überlasst das schwere Ölzeug den Seglern und Fischern, nehmt leichte Jacken, die sich gut zusammenrollen lassen, am besten in ein Pouch. Hier gibt es so viele Alternativen von so vielen Marken, dass wir uns schwertun, euch eine bestimmte Jacke zu empfehlen. Wenn ihr schon fortgeschrittenere Bushcrafter seid und der Test zu Anfang euch Ambition bescheinigt, solltet ihr über die Anschaffung eines **Regenponchos** nachdenken. Der kann etwas mehr als eine Jacke: Er bedeckt den Körper noch großflächiger und ist sehr viel weiter. Ihr könnt darunter also eure normale wärmende Kleidung tragen und auch euren Rucksack, den ihr ja auch vor dem Wasser von oben schützen möchtet.

Ein Regenschutz für den Rucksack ist megawichtig. Wenn ihr in ein gutes Modell investiert habt, ist der Schutzüberzug hoffentlich inklusive. Falls nicht, sollte ihr euch unbedingt einen kaufen und immer an der gleichen Stelle im Rucksack aufbewahren. Beim ersten Regenguss werdet ihr den zu schätzen wissen!

Weil sich die schöne Regenfestigkeit bei Softshelljacken und euren Wanderschuhen mit der Zeit abnutzt, raten wir euch dringend dazu, die Sachen in schöner Regelmäßigkeit mit einem Spray zu imprägnieren. Mehr dazu findet ihr im Kapitel „Pflege der Ausrüstung".

HÄNGEMATTE UND TARP

Welche Isomatte wir dir empfehlen, haben wir ja bereits geklärt. Das sind immer unsere persönlichen Tipps für zwei Männer, von denen der eine größer und schwerer und der andere kleiner und ein bisschen leichter ist. Wenn ihr aber einen ganz anderen Körperbau habt als wir oder ein anderes Komfortbedürfnis, probiert euch aus, und haltet euch nicht zu eng an unsere Meinung. Eine Sache, die wir euch aber wirklich nur wärmstens empfehlen können, ist, euch bei einer Tour nicht mit einem Zelt zu belasten. Wir tun das auch nur noch sehr selten, sondern feiern jede Nacht, die wir draußen im leichten Biwak verbringen. Die Kombination aus Tarp und Hängematte schlägt in unseren Augen einfach alles. Das hat zwei Gründe: Erstens schläft man in einer Hängematte ultrasoft und gemütlich, man kann sich sogar einen Mückenschutz drüberziehen. Zweitens darf man im Wald sowieso nur übernachten, wenn es nicht anders geht, wenn ihr vom Dunkel der Nacht überrascht werdet und eure Kraft nicht mehr für den Heimweg reicht oder von Bären versperrt wird oder von einer Herde Wildschweine. In solchen Fällen, sagt das Gesetz, darf man ein Notlager aufschlagen. Wer aber von Anfang an ein Zelt dabeihat, wird Schwierigkeiten haben, dem Förster die überraschende Wendung der Wanderung zu erklären.

Man denkt ja immer, der Wald sei für alle da, das stimmt aber so überhaupt nicht, meistens gehört er jemandem, der euch erlauben kann, dort zu zelten oder auch nicht. Nur zur Erklärung: Über zwei Millionen Waldbesitzer gibt es in Deutschland, und jedes Jahr kommen etwa 65 000 neue dazu. Meistens, weil Grundstücke unter Erben aufgeteilt werden, was die Sache verkompliziert. Mit einem Biwak aber sieht das alles viel provisorischer aus, umweltschonender ist das Ganze auch. Wir hinterlassen keine Abdruckspuren und liegen nichts platt. Auch wenn ihr plant, nur durch die Gegend zu spazieren oder Waldbaden zu gehen, wie man so schön auf Neudeutsch sagt, würden wir euch empfehlen, eine Hängematte zu kaufen. Nehmt bitte nicht die, die ihr mit 19 beim Mexikourlaub am Strand gekauft habt und seitdem von Wohnung zu Wohnung schleppt. Außer, ihr habt sie eins a gelagert, sonst modert sie bestimmt sowieso in eurem Keller, und ihr könnt sie höchstens in den Garten hängen oder ins Wohnzimmer. Sehr praktisch, falls euch die Wahl eines neuen Sofas überfordert.

HACK 11: HÄNGEMATTE RICHTIG AUFBAUEN

Wenn ihr zu zweit seid, müsst ihr euch mindestens drei Bäume suchen, um die Hängematten aufzubauen, besser sind vier. Im Wald werdet ihr vielleicht ein Problem damit haben, da die Bäume nicht zu nah beieinanderstehen dürfen. Am See oder im Gelände ist das Problem eher, geeignete Bäume zu finden. Die sollten nämlich pro Hängematte etwa vier bis fünf mittelgroße Schritte auseinanderliegen und mindestens einen Durchmesser von 15 Zentimetern haben, um euch tragen zu können. Wenn ihr die Bäume gefunden habt, bringt ihr Baumschoner in Kopf- bis Schulterhöhe an, anders gesagt, ihr bindet zwei breite Schnüre, die der Hängematte beiliegen, um dem Stamm und zieht sie schön fest. Dann holt ihr die Hängematte aus dem Pouch, klickt vorne und hinten ihre Haken in die der Schnüre. Auf der richtigen Höhe hängt die Matte, wenn ihr euch gut und bequem in Kniehöhe reinlegen und beim Sitzen eure vom vielen Waldwandern müden Füße aufstellen könnt. Außerdem sollte der Winkel zwischen dem Horizont und den Mattenschnüren etwa 30 Grad betragen. Falls ihr Schwierigkeiten habt, euch das vorzustellen: Das sind zwei Drittel von einem rechten Winkel. Ihr wisst Bescheid, oder? Eventuell müsst ihr die Schnellspanner der Schnüre nachziehen, damit die Hängematte nicht zu sehr durchhängt. Ihr wollt euch das nochmal ansehen? Den QR-Code findet ihr auf S. 201.

Als Nächstes spannt ihr die Ridge Line, die hoffentlich in die Hängematte integriert ist. Sie hebt das Mückennetz an. Denn was nützt ein solches Netz, wenn es euch beim Schlafen im Gesicht hängt? Richtig, rein gar nichts, da würden die Mücken freudig durchstechen. Wenn ihr das erledigt habt, könnt ihr schon euren Schlafsack in die Matte legen und die Isomatte in den Zwischenboden schieben, falls ihr einen habt. Fertig!

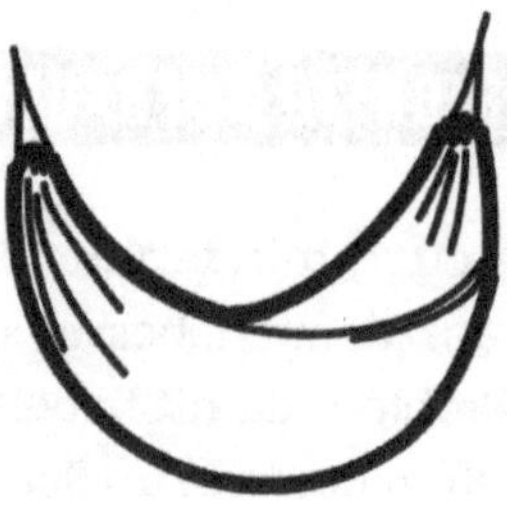

AUGEN AUF BEIM HÄNGEMATTEN-KAUF!

Weil die Hängematte so einen riesigen Unterschied macht, wir haben ein paar Empfehlungen für euch zusammengestellt.

DIE RICHTIGE HÄNGEMATTE FINDEN

Du kannst dir eine günstige Hängematte und ein Moskitonetz in jedem Outdoor-Geschäft kaufen. Das ist keine große Investition, funktioniert dann aber auch nicht so passgenau wie eine Kombilösung. Bei Decathlon beispielsweise gibt es Hängematten, die nicht mehr als 15 Euro kosten. Interessanterweise gibt es auch Hängematten für zwei Personen, aber wir mögen uns gar nicht erst vorstellen, wie unruhig unsere Nächte wären, müssten wir uns solch eine Schlafstätte teilen.

FÜR ANSPRUCHSVOLLE

Eine richtig gute Hängematte ist die Exped Scout Hammock Combi UL. Sie ist nicht ganz billig, aber dafür müsst ihr euch nicht erst ein Tarp kaufen, ein unglaublich dünnes, leichtes, aber effektives wird hier nämlich gleich mitgeliefert. Was für eine Kombi für eine lauschige Nacht! Damit ihr nicht durchhängt, hat dieses Modell einen doppelten Boden, den ihr als Einschubfach für eure Isomatte benutzen könnt, das bringt Stabilität und sorgt für Behaglichkeit. Darüber hinaus schützt euch der doppelte Boden gegen Mückenstiche. Das eingenähte Moskitonetz, das ihr über euch zuziehen könnt, ist ebenfalls genial und sollte euch davor bewahren, am nächsten Morgen wie ein Streuselkuchen auszusehen. Weiterhin bekommt ihr mit der Exped-Hängematte ein Säckchen für Schnüre. Die Schnellspanner für die Leine sind auch enthalten. Denkt aber an Heringe, die müssen leider separat gekauft werden, und ihr möchtet nicht abends im Dunkeln mit dem Schnitzen von Notheringen anfangen. Gut an dieser Hängematte ist auch, dass sich die Ridge Line easy aufbauen lässt, also die Leine, über die ihr nur noch das Tarp hängen müsst. Kurz gesagt: Diese Hängematte kostet so viel wie die Nacht in einem luxuriösen Fünfsternehotel. Weil unser Hotel die Natur ist, nehmen wir den Komfort, den sie wirklich bietet, gerne mit.

FACT-CHECK

- € Etwa 300 Euro
- \+ Deluxe-Schlafstätte mit allem Komfort
- \- Heringe müssen extra gekauft werden

Wie wir festgestellt haben, ist die Exped-Hängematte ganz klar das Chichimodell. Viel günstiger, aber dennoch gemütlich geht es natürlich auch. Man muss ja nicht immer im Ritz schlafen.

FÜR FAULE

Deutlich günstiger kommt euch der Kauf der Amazonas-Moskito-Traveller-Hängematte zu stehen. Auch sie hat ein Einsteckfach für die Isomatte, außerdem sind hier Aufspannstäbe schon enthalten, die dafür sorgen, dass euch das Moskitonetz nicht ins Gesicht hängt. Das ist sogar viel praktischer gemacht als bei der Exped-Version, bei der es die Funktion auch gibt, sie aber nicht im Standard enthalten ist, sondern extra gekauft werden muss. Ist ja klar, dass ein Produkt, das Moskito Traveller heißt, hier auch eine herausgestellte Qualität haben muss. Zwei Aufspannstäbe gibt es bei dieser Hängematte dazu, wie auch das Abspannseil.

FACT-CHECK

- € Etwa 65 Euro
- \+ Durchdachtes Moskitonetz
- \+ Gutes Preis-Leistungs-Paket

Seid ihr eher der Survival-Typ, möchtet ihr euch im Wald verstecken und trotzdem in einer Hängematte liegen, dann haben wir für euch die passende gefunden.

FÜR SURVIVOR

Die DD Frontline MC gibt es im schicken Camouflage-Look zu kaufen. Einen Bären wird das nicht beeindrucken, der riecht euch trotzdem. Doch andere Wandersleute werden es schwer haben, euch damit zwischen den Bäumen auf den allerersten Blick zu erkennen. Die Hängematte wird auch mit einem Moskitonetz und einem Einschubfach für die Isomatte geliefert. Sie ist allerdings nicht mit einem Schnellspannsystem ausgestattet. Vielleicht zieht ihr euch, wenn die Wahl auf diese Hängematte fällt, für die Übernachtung im Wald etwas anderes an als euren knallroten Hello-Kitty-Pyjama. Sonst werdet ihr beim Nachjustieren der Seile doch wieder entdeckt.

FACT-CHECK

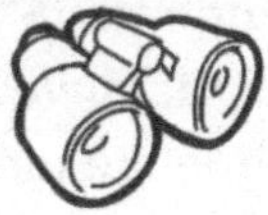

- € Etwa 85 Euro
- \+ Cooler Tarn-Look
- \- Kein Schnellspannsystem

FÜR SONNENBADER

Wenn ihr wirklich nur vorhabt, im Garten oder im Park in der Hängematte ein Buch zu lesen, dann braucht ihr euch von unserem vorherigen Gerede nicht verrückt machen zu lassen. Kauft euch bei Decathlon eine günstige, die es ab etwa 15 Euro gibt, und gebt das Geld lieber für etwas anderes aus. Zum Beispiel für Bücher.

TARP

Da ihr aber hoffentlich nicht nur im Garten liegt, sondern auch in der schönen, freien Natur, braucht ihr neben der Hängematte einen effektiven Schutz gegen Wind und Regen. All das bietet euch ein **Tarp**, eine große Kunststoffplane, die ihr zwischen zwei Bäumen zu einem Zeltdach aufspannen könnt.

Wie ihr feststellen konntet, ist es bei einigen Hängematten schon enthalten. Falls nicht, solltet ihr euch auf jeden Fall eins anschaffen und in euren Rucksack packen. Besser obendrauf als unten rein. Nichts ist nerviger, als alles auf einmal auspacken zu müssen, nur weil man die Sachen fürs Lager unten in der Tasche versteckt hat.

DENKT AN DIE HERINGE

Doch zurück zum Tarp: Es gibt mehrere Varianten und bei einigen Hängematten wird euch auch schon eins mitverkauft. Wenn ihr das Glück habt, euch eine solche Matte zulegen zu können, achtet darauf, dass ihr auch Heringe dabeihabt, um das Tarp aufzustellen. Sonst müsst ihr euch nämlich welche schnitzen, und das kann Spaß machen, in einer wirklichen Notsituation und bei Regen jedoch maximal nerven.

Wir hängen übrigens immer erst unsere Hängematte auf und gehen dann das Tarp an. Das hat den Vorteil, dass wir genau wissen, wie hoch wir es hängen können, ohne die ideale Schlafhöhe zu opfern.

Wenn ihr ein Tarp kauft, macht euch nicht verrückt. Die Preisspanne beim Tarp liegt zwischen fünf und fünfhundert Euro, kauft euch nicht gleich das teuerste, das nach dem ersten Abenteuer vierzig Jahre im Keller liegt, weil euch das Draußenschlafen nicht gefällt.

ELEFANTENHAUT

Für den Anfang reicht eine feste Plane, die auch Elefantenhaut genannt wird, völlig aus. Die könnt ihr schon für etwa 25 Euro kaufen. Für die Spannseile braucht ihr vielleicht noch feste Klammern, aber dafür ist diese auch von der Bundeswehr gerne genutzte Plane ausgesprochen variabel. Ihr könnt sie auch als Groundsheet benutzen, falls ihr euch bei Nässe irgendwo hinsetzen möchtet, oder um eure Balkonmöbel im Winter abzudecken.

Falls ihr doch lieber ein echtes Tarp kaufen möchtet, schafft euch eins an, das direkt mit Heringen und Seiten geliefert wird. Man muss sich das Leben nicht schwerer und komplizierter machen, als es ist – unsere Meinung. Damit ihr auch wisst, wie euer Setup jetzt aussehen kann, beschreiben wir euch ein paar Varianten. Wichtig ist, dass ihr beim Tarp-Aufbau immer auf das Wetter und den Wind achtet. Denn davon hängt ab, wie wirksam euch euer Biwak vor den Elementen schützt und welche Form ihr wählen solltet!

HACK 12: TARP-SET-UP

Wir nutzen unsere Tarps exzessiv, und am liebsten bauen wir sie auf als:

» A-Frame, so genannt, weil es von der Seite wie ein A aussieht
» C-Fly Wedge, so genannt, weil es von der Seite wie ein C aussieht
» Tipi-Variante, so genannt, weil es an die Zelte der Native Americans erinnert
» Dackelgarage, dazu ist wohl keine Erklärung nötig

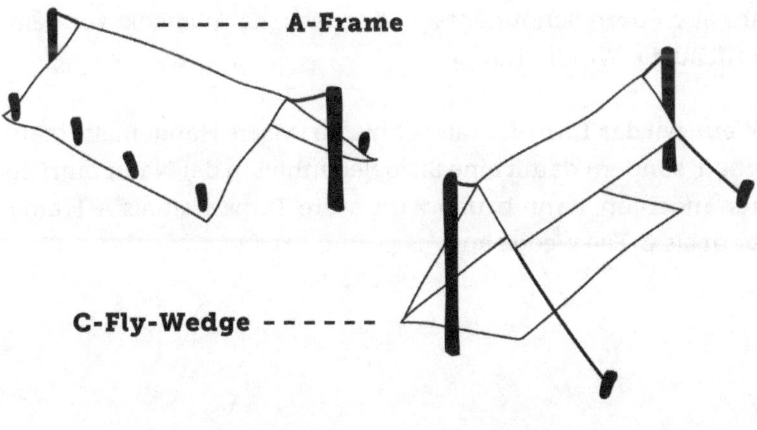

Kommen wir zu den einzelnen Aufbauarten.

HACK 13: DAS A-FRAME

Wenn wir das Tarp als Schutz gegen Regen und Wind über unsere Hängematte spannen, tun wir das meistens als A-Frame. Das habt ihr bei uns auf dem Kanal sicher schon häufig gesehen und bestimmt gedacht, wie gemütlich das aussieht. Um das Tarp so aufzuspannen, befestigt ihr eine stabile Schnur an dem Baumstamm, an dem auch eure Hängematte angebracht ist. Dann führt ihr den Rest des Seils durch eine Schlaufe zum nächsten Baum, knotet es auch dort fest und schmeißt das Tarp darüber. Jetzt sind die Heringe an der Reihe. Wahrscheinlich hat das Tarp an den Längsseiten Schlaufen, die ihr mit den Heringen spannen könnt. Stellt diese immer schön parallel auf, fertig ist das unkomplizierte und schützende Dach. Denkt vor allem daran, dass ihr es mit der Seite gegen den Wind baut, sonst pfeift der euch in die Ohren, und ihr habt das Gefühl, in einem Windkanal zu liegen. In diese Situation hat sich Andy einmal gebracht, als wir in der Sächsischen Schweiz wandern waren. Der ein oder andere hat unter dem Video damals kommentiert, dass Andy nach unserer Nacht dort sehr müde aussah. Wenn ihr also euren Schönheitsschlaf schätzt, dann checkt vor dem Aufbau die Windrichtung.

Wenn wir das Tarp nicht als Schutz für unsere Hängematte brauchen, sondern damit eine Sitzgelegenheit in der Natur einrichten möchten, dann bauen wir unsere Tarps statt als A-Frame gern als C-Fly-Wedge auf.

HACK 14: DAS C-FLY-WEDGE

Diese Aufspannart heißt so, weil sie von der Seite wie ein C aussieht oder wie eine Strandmuschel, die man im Sommer im Drogeriemarkt kaufen kann. Diese Form schafft vor allem dann Behaglichkeit, wenn der Boden etwas feucht ist. Alles, was ihr dazu braucht, ist ein Tarp, sechs Heringe, zwei Schnüre und zwei Bäume. Zunächst faltet ihr die Plane längst einmal in der Mitte zusammen und breitet die eine Hälfte zwischen den Bäumen als Groundsheet mittig auf dem Boden aus. Die andere Hälfte hängt ihr nun an den Ecken und mit Hilfe der beiden Schnüre und der hoffentlich im Tarp eingenähten Schlaufen auf. So sollte nun ein schräges Pultdach entstanden sein. Befestigt euer Tarp mit den sechs Heringen am Boden. Rammt zwei Heringe am Knick fest in den Boden, jeweils einen an den Ecken, die auf der Erde liegen, und noch zwei zur Sicherung an der langen Kante. So steht euer Tageslager sicher. Damit es auch behaglich ist und euch nicht nach einer Stunde der Hintern abstirbt, nehmt am besten eine Isomatte oder ein Fell mit, auf das ihr euch setzen könnt. Glaubt uns, auch Männer können eine Blasenentzündung bekommen, und das ist schmerzhaft und unangenehm.

Eine andere Art, ein Tarp aufzubauen, ist die Tipi-Variante.

HACK 15: DIE TIPI-VARIANTE

Dazu braucht ihr einen langen Stock, ein Tuch, ein paar Heringe und ein Tarp, selbstverständlich. Zunächst breitet ihr das Tarp auf dem Boden aus und haut Heringe in zwei äußere Ecken. Zieht das Ganze schön straff! Für den Eingang nehmt ihr jetzt die anderen beiden Ecken, bringt sie nach innen zusammen und spannt sie von der Mitte eurer bereits hergestellten Seite weg.

Zieht den Hering durch beide Laschen. Eure Form sollte nun wie ein Dreieck aussehen. Um das Ganze aufzurichten, braucht ihr den Stab oder Ast. Erst legt ihr das Tuch über sein oberes Ende, damit schützt ihr euer Material, dann krabbelt ihr durch die Öffnung unter das Tarp und rammt das untere Ende mitten im Dreieck fest in den Boden. Dadurch hebt ihr das Dach automatisch an, und ihr habt fast ein fertiges Tipi. Danach spannt ihr die restlichen Schlaufen straff ab, damit wird das Tipi ordentlich stabil und sieht auch besser aus. Da der Eingang immer zur Seite wegfällt, ist das Ding auch komplett dicht. Sehr praktisch, so etwas.

HACK 16: DIE DACKELGARAGE

Die sogenannte Dackelgarage möchten wir euch, auch wegen des schönen Namens, nicht vorenthalten. Der extrem flache Aufbau bietet euch bei windigem Wetter einen guten Schutz. Für die Dackelgarage bindet ihr eine kurze Schnur fest um einen Baumstamm und befestigt das Ende in der Schlaufe oder der Öse einer Ecke eures Tarps. Vorsicht: Hängt dieses Ende nicht zu hoch, sonst habt ihr eher eine Bernhardinergarage. Immer schön an den Dackel denken! Die diagonal gegenüberliegende Ecke spannt ihr straff ab und haut den Hering fest in die Erde. Danach befestigt ihr die Seiten des Tarps mit so vielen Heringen, wie ihr habt, am Boden. Je fester, desto windgeschützter ist euer Tarp. Wenn ihr möchtet, könnt ihr noch das Ende eines kleinen Asts mit einem Tuch umbinden und ähnlich wie beim Tipi an Höhe gewinnen. Fertig ist euer Shelter!

Es gibt noch ein paar andere Arten, ein Tarp aufzubauen, beispielsweise die Igluform oder ein Lean-to, aber wir denken, mit diesen Formen kommt ihr erst mal gut durch die Jahreszeiten, egal, welcher Wald- und Naturtyp ihr seid.

Auf jeden Fall seid ihr schon mal gut ausgerüstet, habt eine Schlafgelegenheit, ein Messer, einen Kocher und einen Schutz gegen die Elemente. Was ihr noch braucht, ist das richtige Outfit. Nun macht es einen Unterschied, ob ihr bei minus zwei Grad loszieht oder in einer tropischen Nacht. Wir werden versuchen, euch ein paar Tipps für beide Szenarien zu geben: einmal für ein Winterabenteuer und einmal für eine Sommerwanderung. Auch bei den Klamotten macht es keinen so großen Unterschied, welcher Waldtyp ihr seid. Denn wir gehen davon aus, dass keiner von euch übermenschliche Fähigkeiten besitzt, Hitze oder Kälte abzuwehren, und wir Menschen uns in dieser Hinsicht alle etwas ähneln. Das Wichtigste ist, dass ihr immer flexibel bleibt und eine Schicht mehr oder weniger tragen könnt, falls sich das Wetter plötzlich ändert.

KLEIDUNG FÜR DEN SOMMER

Widmen wir uns zunächst der warmen Jahreszeit. Was braucht ihr, um von Juni bis September entspannt loswandern und bushcraften zu können?

» Was ihr immer braucht, egal, ob im Sommer oder im Winter, das sind gute **Wandersocken**, damit ihr euch keine Blasen lauft. Vergesst Tennissocken, Sneakersocken, Reitsocken oder was ihr sonst noch so in der Schublade liegen habt. Kauft euch zwei Paar gute Wander- und Treckingsocken von Falke oder unseretwegen auch ein anständiges Exemplar von Decathlon, und benutzt diese nur für eure Waldausflüge. Lagert sie nicht im sonstigen Sockenchaos, sondern bei eurem Gear, so gehen sie auch nicht verloren, und ihr findet sie bei Bedarf sofort wieder.

» Festes Schuhwerk wie **Wanderschuhe** machen es euch nicht nur leichter, trockenen Fußes durch den Wald zu kommen, sondern schützen euch noch davor, umzuknicken oder von Kriechviechern gebissen zu werden. Gerade in südlicheren Gefilden als Deutschland können auch Schlangen auf eurem Pfad liegen. Es müssen übrigens nicht mehr die dicken Lederstiefel sein, die ihr vielleicht aus eurer Kindheit oder einer alten Heidi-Verfilmung kennt. Es gibt leichte, aber dennoch stabile Wanderschuhe in allen Farben und Variationen.

» Klar sieht das kernig aus, wenn ihr in kurzer Hose loswandert. Aber seht ihr uns jemals in Bermudas herumlaufen? Nein! Der Grund ist nicht, dass wir uns für unsere Unterschenkel schämen (ihr wärt begeistert). Doch leider gibt es da diese Zecken, die uns im Laub und Unterholz auflauern. Denkt nur daran, wo sie überall hochklettern können. Also: **Lange Hose** ist besser. Noch besser ist es, wenn ihr die lange Hose in eure Wandersocken steckt, wenn ihr ein Feld oder eine Wiese erkundet. Dann können die Viecher auch nicht durch die Ritzen kriechen. Wenn ihr es noch cleverer machen möchtet, zieht eine lange, helle Hose an, darauf erkennt ihr viel leichter, wenn doch eine Zecke auf euch herumwandert.

» Dass ihr euch obenrum ein T-Shirt anzieht, davon gehen wir aus, aber nehmt auch einen **Pullover** mit, einen Fleece zum Beispiel, damit ihr, falls ihr irgendwo festhängt, nicht auskühlt.

» Ebenfalls solltet ihr immer eine **Regenjacke** dabeihaben. Oder einen **Regenponcho**, der nicht nur euch, sondern auch euer Gepäck schützt. Das hatten wir ja schon.

» Ob ihr auf Hüte, Tücher oder Baseball-Kappen steht, ist uns wurscht, eins davon sollte sich dennoch in eurem Gepäck befinden. Denn eine **Kopfbedeckung** schützt euch vor Zeckenbissen und Sonnenstichen.

» Auch wenn ihr nur einen Tag lang unterwegs seid, nehmt ein **Wechselshirt** mit. Vielleicht sogar ein **Funktions-T-Shirt**, das die Feuchtigkeit vom Körper wegleitet. Wenn ihr nach einem Marsch den Rucksack absetzt, werdet ihr erleben, wie schön es sein kann, sich ein trockenes Oberteil anzuziehen.

» Möchtet ihr nur picknicken oder auch bushcraften? Falls ihr zum Holzsammeln, Schnitzen oder Feuermachen loszieht, nehmt ein Paar **Arbeitshandschuhe** mit.

BUSHCRAFTEN IM WINTER

Die Natur ist nicht nur bei Sonnenschein schön, finden wir zumindest. Es macht uns auch immer Spaß, im Winter rauszugehen. Sehen wir der Wahrheit ins Auge: Wir leben nicht am Mittelmeer oder an der Südspitze Indiens. Wenn wir uns nur bei bestem Wetter und Sonnenschein nach draußen wagen würden, müsste unser YouTube-Kanal eher „Die Sofasöhne" heißen. Wäre auch nicht schlecht, wir haben sehr viel Erfahrung auf unseren Spielekonsolen gesammelt, die wir mit euch teilen könnten. Aber am Ende zieht es uns doch immer zu Flora und Fauna. Also sagen wir euch, wie ihr euch so wappnen könnt, dass euch unser mitteleuropäisches Winterwetter nicht fertigmacht. Unsere Ausstattung ist so gut auf den Winter ausgerichtet, dass wir selbst bei minus 20 Grad draußen übernachten könnten, ohne zu erfrieren. Spaß macht es uns bei der Temperatur nicht mehr, aber wir könnten draußen überleben. Setzt euch nicht gleich so ein ehrgeiziges Ziel, vor allem nicht eins, das mit so vielen Anschaffungskosten verbunden ist, und tastet euch heran. Nicht alle genießen es, aus der Hängematte in den frischen Schnee zu kullern.

» Wir haben bei den Sommerklamotten mit den Arbeitshandschuhen geendet, und genau damit möchten wir nun anfangen: Falls ihr im Wald arbeiten möchtet, wer weiß, vielleicht gehört ja auch euch ein Stück, dann kauft am besten dünne **Fleecehandschuhe**. Zieht sie an, und slided dann in die Arbeitshandschuhe hinein, so bleiben die Pfoten warm und ihr glücklich.

» Dann tragen wir **lange Unterwäsche**. Das ist zwar etwas opimäßig, aber sehr effektiv. Andy trägt gerne Funktionsunterwäsche, und Gerrit steht eher auf Merinowolle, das ist einfach Typsache. Der eine mag eben keine Kunstfasern, dem anderen kratzt es zu schnell an der Haut, oder er hat Neurodermitis, da sollte man von Wolle auch die Finger lassen.

» Als nächste Schicht legen wir eine **lange Hose** und einen **Fleecepullover** drüber. Kauft eure Klamotten nicht zu eng ein. Sie sollten in Schichten fallen, sich nicht quetschen, damit sich die Luft zwischen ihnen erwärmen kann.

» Wir legen immer Wert darauf, **warme Jacken** zu tragen, denn dann braucht ihr keine 8 000 Pullis einzupacken. Gut ist, wenn die Jacke witterungsbeständig ist und ihr bei Regen oder hoher Luftfeuchtigkeit nicht gleich wieder nach Hause müsst.

» Wenn eure Mutter (oder euer Vater) euch früher hinterhergerufen hat, dass ihr eine **Mütze** aufsetzen sollt, hatte sie (oder hatte er) nicht ganz unrecht. Der Mensch verliert über den Kopf Wärme, wie viel Prozent es genau sind, darüber wird noch gestritten, aber wir können euch jetzt schon sagen, dass es nicht unerheblich ist. Eine wärmende Kopfbedeckung dabeizuhaben, vor allem wenn die Haare sich lichten, kann den Unterschied zwischen schön und schaurig machen.

» Ein **Schal** oder **Schlauchschal** schützt euren Hals vor Kälte, auch hier ginge euch sonst viel Körperwärme flöten. Falls es richtig fies draußen wird, könnt ihr den Schal auch ins Gesicht ziehen. Außerdem hemmt der Schal den Wärmeverlust durch den Halsausschnitt der Jacke, ist also dreifach praktisch, wenn es richtig kalt wird draußen.

Wichtig ist, sich von außen zu wärmen und zu schützen. Noch besser ist es, sich darüber hinaus noch von iInnen zu wärmen. Etwas, das wir supergerne auf unseren Touren dabeihaben, ist eine Ingwerknolle. Klar, wir sprechen oft vom Käffchen hier und Käffchen da, aber wenn es richtig kalt und ungemütlich wird, kann euch ein heißer Ingwertee ganz weit nach vorn bringen.

HACK 17: ABWEHRKRÄFTE STÄRKEN

Für einen ordentlichen Ingwertee schneidet ihr die Knolle in dünne Scheiben und lasst sie ein wenig im kochenden Wasser tänzeln. Nehmt das Wasser vom Feuer, mischt Honig dazu, und lasst das mit dem Ingwer abkühlen. Schon nach ein paar Minuten habt ihr ein starkes Getränk, das die Abwehrkräfte aktivieren sollte.

APP IN DEN WALD

Als wir mit 14 im Wald waren, hatten wir kein Smartphone und folglich keine mobilen Daten. Von so etwas wie Google Maps haben wir geträumt, wir waren auf diese unhandlichen großen Landkarten angewiesen, falls ihr euch erinnert, und unseren Kompass. Häufig auch auf den inneren Kompass, weil wir den anderen zu Hause vergessen hatten. Heute aber, wo wir das alles in der Hosentasche herumtragen können, sind wir genau so handygeil wie alle anderen. Hat Nachteile, geben wir zu, aber das Gute daran ist, dass wir ein paar Apps auf unseren Geräten laufen haben, die uns auch in der Natur weiterhelfen.

TOUREN PLANEN

Komoot ist für uns inzwischen unverzichtbar für die Tourenplanung, und genau dafür ist sie da. In dieser App könnt ihr eure Fortbewegungsart eingeben, ob ihr wandert oder Mountainbike fahrt oder sonst wie unterwegs seid. Entsprechend bekommt ihr Touren von anderen Usern angezeigt und könnt euch mit Hilfe der App im Gelände orientieren. Ihr bekommt einen Überblick über das Höhenprofil, darüber, ob ihr auf einem Wanderweg unterwegs seid oder einer Landstraße, und mit ein bisschen Vorplanung funktioniert das auch ohne Internet. Falls es euch behagt, könnt ihr auch das Livetracking einschalten, dann sieht eure Familie, wo ihr euch aufhaltet. Das Premiumpaket kostet etwa fünf Euro im Monat.

POSITION BESTIMMEN

GPS Status & Toolbox – diese App ist sehr straightforward, also macht genau, was ihr von einer App mit dem Namen erwartet: Sie liefert Positionsdaten. Außerdem könnt ihr sie als Kompass benutzen oder eine Position markieren, beispielsweise wo euer Auto steht, damit ihr wieder den Weg dorthin zurückfindet. Als Spielerei gibt sie euch die Position von Satelliten an und wie stark das von ihnen ausgehende Signal ist. Diese App ist kostenlos.

SONNENPOSITION CHECKEN

Wo steht die Sonne? Wann geht sie unter? Wie weit ist der Mond gerade von der Erde entfernt, und was ist der perfekte Zeitpunkt für uns, Fotos zu machen oder Videos zu drehen? Solche Fragen beantwortet uns die App Sun Surveyor. Die abgespeckte Lite-Version ist kostenlos.

PACKLISTE OPTIMIEREN

Wenn ihr noch nicht so geübt darin seid, zu entscheiden, was mit auf die Wanderung kommen soll und was nicht, könnte euch TrekPack helfen. Wir haben diese App in unseren frühen Jahren häufig benutzt, um eine individuelle Liste zu erstellen, in der uns Grundlegendes vorgeschlagen wurde. Das haben wir, auch in der App, durch unsere eigenen Wünsche ergänzt. Das ist übrigens auch für Nichtwanderurlaube praktisch. Die App ist kostenlos.

WAS IST DAS FÜR EINE BLUME?

Diese App heißt nur bei Android so, bei Apple fragt man sich: „Welche Blume ist das?" Für diese App müsst ihr nicht unbedingt etwas fotografieren, sondern wählt in der Benutzeroberfläche die Merkmale der Pflanze aus, und das Handy spuckt euch die Lösung auf dieses Rätsel aus. Dafür müsst ihr euch bei dieser App mit Werbung herumschlagen, wenn ihr die kostenlose Version wählt, die völlig ausreicht.

PLANZEN UND TIERE BESTIMMEN, TEIL 2

Seek ist eine kostenlose App, die ähnliche Ergebnisse wie „Welche Blume ist das?" liefert, aber etwas anders funktioniert. Ihr öffnet die App, die Kamerafunktion in ihr und haltet sie auf das Tier, die Pflanze oder das Insekt, das ihr identifizieren möchtet. Das funktioniert wie die gute Alternative zu der App, die sich Google Lens nennt. Doch anders als bei Google Lens müsst ihr hier kein Foto aufnehmen. Außerdem könnt ihr in Erfahrung bringen, wie viele User in einem bestimmten Umkreis das gleiche Tier identifiziert haben. Es gibt auch noch Challenges, an denen man mit anderen Nutzern teilnehmen kann.

VÖGEL BESTIMMEN

Mit der NABU-App Vogelwelt könnt ihr Vogelstimmen bestimmen. Das wird euch 9,99 Euro im Jahr kosten, dafür wisst ihr immer genau, wer in eurer Nähe sein Lied in die Landschaft schmettert. Außerdem gibt es eine Menge Bilder von einer Menge Vögel und genauere Informationen zu den einzelnen Arten.

So ein Smartphone zur Bestimmung von Vögeln zu benutzen, ist ja ganz schön, aber es kann euch auch in brenzligen Situationen helfen.

HILFE FINDEN

Die App Hilfe im Wald leistet euch im ... na, wo wohl ... Wald Beistand. Sie gibt in ganz Deutschland 59 000 Hilfepunkte an, bei vielen von diesen könnt ihr Verbandszeug finden oder zumindest eine Positionsnummer. Die könnt ihr angeben, falls ihr einen Notruf wählt und nicht wisst, wohin ihr die Hilfe schicken sollt. Empfohlen wird, sich die Karten nicht erst unterwegs herunterzuladen, sondern schon zu Hause im WLAN.

LAMPE

Wir gehen nie ohne eine gute, aufgeladene Lampe los. Gerade im Winter wird es echt schnell dunkel, das ist keine Überraschung. Und klar kann man ein Feuer anzünden, aber erstens darf man das nicht immer, und zweitens finden wir unser Zubehör zum Feuermachen nicht, wenn wir keine Lampe dabeihaben. Das ist ein bisschen wie das, was Jürgen Klopp mal über seine Brille sagte: „It's hard finding your glasses without your glasses."

HACK 18: LAMPENTEST

Welche Lampe ihr braucht, das kommt mal wieder auf die Situation an. Egal, welche ihr nehmt, kauft euch eine anständige Taschenlampe und nicht einfach das, was im Netz gerade wie Fisch auf dem Hamburger Markt lauthals angepriesen wird. Bevor ihr aus dem Haus geht, solltet ihr die Lampe einmal im dunklen Zimmer testen. Das ist wie früher mit der Laterne zum Martinszug. Vielleicht erinnert ihr euch, es gab immer drei oder vier traurige Kinder, deren Laternenstäbe draußen den Geist aufgegeben hatten, und es wäre so einfach gewesen, das zu Hause zu überprüfen. Ist sie aufgeladen, oder hat sie Batterien? Tut es die Glühlampe noch? Nichts ist blöder, als Gear erst stundenlang durch die Gegend zu tragen und es nachher nicht nutzen zu können!

WORAUF IHR BEI EURER TASCHENLAMPE ACHTEN SOLLTET

Das Einfachste ist eine **Taschenlampe**, die ihr in der Hand haltet. Da gibt es tausende Modelle, von klein bis groß. Wir finden es immer sehr praktisch, wenn sich unsere Lampen, und das gilt für alle anderen auch, die wir hier aufzählen, per Knopfdruck unterschiedlich stark einstellen lassen. Nicht immer möchten wir den ganzen Wald ausleuchten, nur um ein Streichholz zu finden.

WORAUF IHR BEI EURER STIRNLAMPE ACHTEN SOLLTET

Wenn wir unsere Hände brauchen oder lange im Dunkeln durch die Gegend trotten, benutzen wir gerne eine **Stirnlampe**. Das sieht war nicht besonders stylisch aus, ist aber supermegapraktisch. Auch hier gibt es bessere und schlechtere Modelle, so zählt eine schwache LED-Lampe von einem bekannten Batteriehersteller zu unseren Top-Ten-Fehlkäufen. Macht es nicht wie wir, kauft euch gleich eine starke Lampe, die mindestens bis zu euren Zehen leuchten kann.

DAS IST BEI CAMPINGLEUCHTEN WICHTIG

Wenn wir in unserer Hängematte liegen, hängen wir manchmal eine **Campingleuchte** an die Ridge Line, das ist behaglich, und wir können einander dann auch noch sehen, während wir uns unterhalten. Eine praktische Campingleuchte hat ein paar Gimmicks wie einen An- und Ausschaltknopf, der im Dunklen leuchtet. Sie sollte einen guten Akku haben und auch verschiedene Helligkeitsstufen, damit ihr nicht sofort im Scheinwerferlicht liegt, nur weil ihr noch mal etwas nachsehen wollt. Dass sie wasserdicht ist, setzen wir sowieso voraus! Außerdem würden wir nie wieder eine Lampe ohne Rotlichteinstellung kaufen. Wenn wir nachts im Lager liegen und plötzlich Licht brauchen – vielleicht haben wir ein Knacken gehört oder das Jaulen eines Tiers –, bietet die Rotstufe ein angenehmes Licht und blendet nicht. Weshalb moderne Badezimmerlampen diese Möglichkeit nicht auch bieten, ist uns ein Rätsel. Es wäre so viel angenehmer, wenn man nachts raus muss! Eine Campingleuchte, die sich für uns bewährt hat, ist die Fenix CL30R mit USB-Anschluss, weil man sie überall aufladen kann (etwa 110 Euro).

DAS IST BEI PETROLEUMLEUCHTEN WICHTIG

Die Lichtausbeute ist eher mau, aber die Atmosphäre spitze, deswegen hängen wir uns auch gerne **Petroleumleuchten** ins Lager. Vorsicht, die funktionieren mit einer offenen Flamme, deswegen solltet ihr auch beim Anzünden und Löschen aufpassen. Wir finden die Sturmlaterne Feuerhand 276 wirklich schön (ab etwa 33 Euro), haben aber für unser Camp, weil wir viele davon brauchten, doch eher zu einem wesentlich günstigeren No-Name-Produkt gegriffen, das auch gut funktioniert.

So Leute, es wird heiß, im nächsten Kapitel geben wir euch ein paar Regeln an die Hand und klären euch über das Thema auf, auf das ihr sicher schon sehnsüchtig wartet: Feuer.

WALDKNIGGE UND EIN PAAR REGELN FÜR BUSHCRAFTER

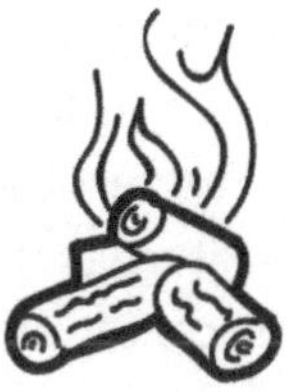

Eines der verstörendsten Videos, das wir je gedreht haben, war das für den **Nature Clean Up Day 2017**. Der findet jeden dritten Samstag im September statt, und wir wollten in dem Jahr ein Waldstück, in dem wir oft unterwegs waren, von Müll befreien. Unsere erschreckende Bilanz: Wir haben in anderthalb Stunden neun Müllsäcke mit Zivilisationsmüll und dann auch noch recht viel Sperrmüll gefunden. Ehrlich, was ist los mit den Leuten? Weiß man da Genaueres? Wir bitten euch: Seid nicht so, schleppt alles, was ihr reintragt, auch wieder raus. Es ist schlimm genug, dass wir überhaupt so viel Abfall produzieren! Wir sind selbst keine Profis in Sachen Vermeidung, kaufen gerne Gear, und viele Dinge, die wir benutzen, sind aus Plastik. Es macht aber in unseren Augen Sinn, sich mit diesem Thema zu beschäftigen. Außerdem zeigen wir euch in diesem Kapitel, wie ihr richtig mit Feuer umgeht, ohne einen Megawaldbrand zu verursachen. So wichtig, Leute!

MÜLL IM WALD VERMEIDEN

» Macht euch vor dem Aufbruch Gedanken darüber, was ihr mit dem Müll macht. Wenn ihr unterwegs feststellt, dass ihr keinen Beutel dabeihabt, wird es schnell eklig. Also nehmt immer genug **Müllbeutel** mit.

» Füllt eure Milch oder Säfte in **Nalgene-Flaschen** um, bevor ihr in den Wald geht. Das spart zwar insgesamt keinen Müll, aber auf jeden Fall müsst ihr keine Verpackungen herumtragen.

» Überlegt euch, welche Kräuter, Öle und so weiter ihr für euer Essen braucht, und füllt sie in **kleine Flaschen**, die ihr bei anderen Wanderungen nutzen könnt. Dann sitzt ihr nicht plötzlich mit der leeren Literflasche Olivenöl in der Pampa, wenn der nächste Altglascontainer kilometerweit entfernt ist.

» Versucht, beim Einkaufen darauf zu achten, dass ihr zu Waren greift, deren **Verpackung** ihr **falten und verstauen** könnt, wenn sie leer ist: Nüsse in der Tüte statt der Dose, Tomaten in Pappkisten statt in Plastikschalen und so weiter.

» Leere Toast- oder Chipstüten könnt ihr zu **Müllbeuteln umfunktionieren** und ihnen so ein zweites, sinnvolles Leben schenken.

» Wenn ihr Bananen esst, Pfirsiche oder Nektarinen, wenn ihr euch die Mühe macht, am Wegesrand eine Ananas zu zerteilen oder eine Mango auszulöffeln, werft die **Schale nicht in die Natur**. Viele Menschen tun das, weil sie denken, was aus dem Boden wächst, verrottet dort auch ganz prima. Das mag vielleicht bei einem Apfelgehäuse so sein. Bei Tropenfrüchten, die bei uns nicht heimisch sind, können wir uns darauf nicht verlassen. Eine Bananenschale braucht mindestens sechs Wochen, um bei unseren Klimaverhältnissen wegzufaulen. Wenn nicht gerade Hochsommer herrscht, bestimmt länger. In der Zeit können viele Wanderer den Weg entlanglaufen und sich an der Schale stören.

HACK 19: MÜLL SAMMELN

Wenn ihr erstmals im Wald bushcraftet, haltet die Augen offen. Stolpert ihr über eine weggeworfene Plastikflasche oder Schokoriegelverpackung? Seid euch nicht zu schade, das Zeug, auch wenn es von anderen ist, in euren Müllbeutel zu packen. Die Natur wird es euch danken.

WO MACHE ICH MICH SCHLAU, WAS ICH DARF UND WAS NICHT?

Ihr wollt im Wald landen, nicht im Knast. So sehr wir die Freiheit genießen, wir wissen auch, dass es Regeln gibt, an die wir uns halten müssen. Spätestens seitdem wir selbst ein Stück Wald besitzen, haben wir dafür ein ganz neues Bewusstsein entwickelt und finden es gut, wenn unsere Scholle weder vollgemüllt noch abgefackelt wird. So weit, so gut, aber nun wird es kompliziert. Denn es ist nicht so, dass wir euch definitiv bei jeder Kleinigkeit sagen können, was erlaubt ist und was nicht, denn das hängt zum Teil einfach von dem Bundesland ab, in dem ihr unterwegs seid. Wenn ihr also beispielsweise in der Eifel seid und von Rheinland-Pfalz nach Nordrhein-Westfalen wandert, kann sich euer Handlungsspielraum zwischenzeitlich verändern.

Die wichtigste Vorgabe für euch ist das **Bundeswaldgesetz**, das, ihr erratet es sicher schon, in ganz Deutschland gilt. Nach diesem Gesetz ist es grundsätzlich erlaubt, den Wald und die freie Natur wie eine Heidelandschaft zu betreten, auch wenn die Flächen in Privatbesitz sind. Wichtig ist, dass euch dieses Betreten zur Erholung dient, ihr hier wandert, joggt oder auch alle Bäume nacheinander umarmt, wenn euch das weiterhilft.

Wenn ihr die einsamen Bäume tiefer im Wald herzlich drücken möchtet, müsst ihr vom Weg abkommen, und auch das ist erlaubt, solange ihr zu Fuß unterwegs seid. Je nach Bundesland ist es auch erlaubt, mit dem Fahrrad vom Weg abzuweichen, aber falls man es nicht darf, sind die Strafen zum Teil so hoch, dass ihr euch davon das ein oder andere Ersatzteil kaufen könntet.Also passt auf!

Im **Naturschutzgebiet** gelten schon andere Regeln. Ein solches Gebiet erkennt ihr an einem gelben Schild mit einer Eule darauf. Oft leben im Naturschutzgebiet bedrohte Tierarten, in deren Lebensraum ihr nicht eindringen solltet. Es ist sowieso ein guter Gedanke, wenn ihr euch immer vor Augen haltet, dass ihr im Wald vielleicht auf den ersten Blick keine Tiere erkennt, dass sie aber dort leben und es ihr Terrain ist, nicht eures. Um den Lebensraum dieser Tiere im Naturschutzgebiet nicht zu stören, dürft ihr euch nur auf den offiziellen Pfaden bewegen. Auch wenn es links und rechts noch so verlockend aussieht.

Mitunter sind um einzelne Bereiche Absperrungen herumgezogen, da etwas abgeholzt oder aufgeforstet wird. Da ist es auch ganz selbstverständlich, dass man darum einen Bogen macht. Wir können es nur noch einmal sagen: Man lässt außerdem die Tiere, falls man welchen begegnen sollte, in Ruhe. Immer.

Über das Zelten im Wald und der freien Natur hatten wir bereits beim Thema Tarp gesprochen. Es ist nicht ganz einfach, in Deutschland im Wald zu übernachten, und wenn ihr Zweifel habt, wie teuer euch das zu stehen käme, schaut in den Bußgeldkatalog und seht, dass die Strafen bis zu 5 000 Euro betragen können, wenn ihr euer Wohnmobil zum Beispiel in den Dünen des Wattenmeeres parkt. Aber das würdet ihr ja niemals tun!

Wie wir euch schon erzählt haben, hat Andy besondere Erinnerungen an sein erstes Messer und daran, dass er damit Pilze im

Wald gesammelt hat. Damit haben seine Eltern und er sich völlig legal verhalten. Man darf so viele Pilze mitnehmen, wie es für den eigenen Bedarf angemessen ist. Also schraubt euch keine Anhängerkupplung ans Auto, um noch mehr rausschleppen zu können, ein einfacher Korb reicht völlig und bringt euch nicht in Erklärungsnot, wenn euch der Förster kontrolliert. Ebenfalls dürft ihr Nüsse oder Beeren sammeln, aber verwechselt besser eure Müslischale nicht mit der großen Salatschüssel, denn auch hier dürft ihr nur so viele mitnehmen, wie ihr selbst verbrauchen könnt.

Wollt ihr eurer Mutter einen Strauß Blumen pflücken, ist das auch okay, das nennt sich dann Handstrauß, und auch hier gilt: Die Nachbarschaft dürft ihr damit nicht versorgen, sonst droht ein Bußgeld!

Kommen wir zum komplizierten Thema, dem Feuer. Da müsst ihr in das Waldgesetz eures Bundeslands schauen. In Brandenburg gelten andere Gesetze als in Bayern. Wir in Brandenburg dürfen in unserem eigenen Wald von Waldbrandstufe eins bis drei Feuer machen und anderen die Erlaubnis dafür erteilen. Ab Stufe vier ist das aber auch bei uns vorbei, und das aus gutem Grund.

MINDESTABSTAND FEUER ZU WALD

Grundsätzlich gilt auch, dass man für ein Lagerfeuer einen Abstand von 100 Metern zum Wald einhalten muss. Denkt an die trockenen Sommer, die wir hatten, denkt an die Waldbrände, die sich daraus ergeben können. Ihr wollt einfach nicht dafür verantwortlich sein, dass Tiere oder auch Menschen sterben und Lebensräume zerstört werden. Außerdem werdet ihr, falls ihr doch erwischt werdet, ordentlich zur Kasse gebeten. Also seid vorsichtig, okay? Für die Raucher unter euch: Zwischen März und Ende Oktober dürft ihr euch im Wald keine Zigarette anzünden, das ist strikt verboten. Ihr braucht nicht zu verzagen, denn in den meisten Bundesländern gibt es offizielle Grillstellen, an denen ihr euch austoben dürft.

FEUER, ABER RICHTIG

Wie wir sagten: Bei einer offenen Flamme ist es weise, euch schlauzumachen, ob es sie da, wo ihr euch aufhaltet, erlaubt ist. Die Bundesländer haben unterschiedliche Regelungen, deshalb genießen wir es immer sehr, in Schweden oder Norwegen unterwegs zu sein, wo Bushcrafting für uns so viel einfacher ist. Ihr kommt irgendwo an, stellt euer Zelt auf, hier ist es okay, denn man darf es ja, und zündet ein Feuer an. Herrlich! Aber auch in Deutschland gibt es offizielle Feuerstellen, an denen ihr euch etwas kochen dürft, ohne in Konflikt mit dem Förster zu kommen.

FEUER VORBEREITEN

Wenn ihr eine entsprechende Stelle gefunden habt, geht es an die Vorbereitung. Zunächst müsst ihr das Laub, das sich am Waldboden sammelt, und herumliegende Äste beiseiteräumen. Schiebt auch unbedingt die Wurzeln von eurer Stelle weg, bis nur noch die nackte Erde übrig bleibt. Wenn ihr mit einem Hobo kochen möchtet, schaut lieber zweimal nach, ob er auch wirklich einen sicheren Stand hat. Vielleicht stellt ihr ihn auch auf eine feuerfeste Unterlage, wie einen großen Stein. Oder ihr nehmt euch von zu Hause ein Stück Alublech mit und stellt die Bushbox darauf, dann könnt ihr noch sicherer sein, dass nichts passiert, wenn sie doch umfällt. Erst dann nehmt ihr euren Feuerstahl und den Zunder aus der Tasche, okay?

Auch beim Gaskocher müsst ihr höllisch aufpassen. Der ist im Grunde nichts anderes als ein Bunsenbrenner, wie ihr ihn aus dem Chemieunterricht kennt. Und wer hat noch nie irgendwelche Horrorstorys von abgefackelten Schullaboren gehört? Auch wenn der Gaskocher umkippt, fackelt er weiter. Habt ihr dann noch Laub herumliegen, kokelt euch das alles weg. Am Ende passiert genau das, was in jeder Schule auch schon passiert ist: Es brennt!

Richtig heiß wird es mit einem Spirituskocher wie dem Trangia. Der Spirituskocher basiert ja darauf, dass man eine Flüssigkeit anzündet, und wenn diese ausläuft, läuft auch die Feuerquelle aus, die Flüssigkeit kann weiterbrennen und ganze Wälder abfackeln. Deshalb: Checkt erst die Standfestigkeit des Kochers, dann checkt sie noch mal und dann noch einmal. Versucht auch, wenn ihr euch um eure Kocher herumbewegt, und das gilt für alle Modelle, euch nicht zu nah am Kocher vorbeizuquetschen oder gar über den Kocher drüberzusteigen. Eure vom Tagesmarsch müden Füße sind viel zu gefährlich und könnten die Kochgelegenheit versehentlich ummähen. Oder ihr seid einfach grundsätzlich ungeschickt, mit dem gleichen Ergebnis.

Egal, wie und was ihr im Wald mit Feuer macht, tut uns einen Gefallen, lasst es nicht aus den Augen. Niemals.

Wahrscheinlich fragt ihr euch, weshalb wir in mindestens jedem zweiten unserer Videos ein Feuer machen, wenn das so schrecklich gefährlich und zudem noch so aufwendig ist. Die Antwort: Es ist trotzdem einfach sehr geil und entspannend, eine Flamme anzuzünden, das machen die Menschen seit der Steinzeit gerne, und obwohl es bessere Lösungen gibt, baut sich so mancher neben der Fußbodenheizung und handtuchwärmenden Radiatoren einen Kamin in die Bude. Völlig zu Recht! In ein Feuer zu starren, hat etwas Hypnotisches. Wir merken immer, wie wir total runterkommen, wenn wir in die tanzenden Flammen schauen. Außerdem bietet so ein Feuer auch Schutz gegen Tiere, denn die meisten werden es als Gefahr erkennen und meiden.

Die entspannende Wirkung des Feuer lässt aber schnell nach, wenn das Holz zu feucht ist. Dann qualmt es nämlich gewaltig und ihr zieht nur ungewollte Aufmerksamkeit auf euch. Fühlt deshalb nach, ob das Holz, das ihr sammelt, schön trocken ist.

Wenn ihr in eurem eigenen Wald oder mit der Erlaubnis des Waldbesitzers euer gemütliches Lagerfeuer vorbereitet, achtet darauf, dass der Wald über eurem Feuer frei ist und nichts rumhängt, das Funken fangen könnte. Danach müsst ihr den Boden freiräumen, wie wir es schon oben beschrieben haben. Tut das nicht halbherzig, indem ihr hier und da ein bisschen Laub wegkickt, sondern befreit, vielleicht sogar mit einem Klappspaten, einen großen Kreis um euer Feuer von Laub, Holz und sonstigem Zeug, bis ihr auf die Erd- oder Sandschicht im Boden stoßt. Anders als bei dem Kocher-Set-up legt ihr für ein Lagerfeuer die Mitte dieses Kreises mit Steinen aus. Falls ihr nicht genug große Steine findet, legt wenigstens einen Ring aus Steinen aus, damit die Hitze etwas eingedämmt wird.

Wie gesagt, wenn ihr im Ausland unterwegs seid, wo man ein Feuer anzünden darf, oder dort die Erlaubnis des Waldbesitzers habt, wo sie genügt, könnt ihr mit dem Lagerfeuerbau beginnen.

LAGERFEUER BAUEN

Für ein richtiges Lagerfeuer braucht ihr:

» eine geeignete Stelle
» eine Feuerquelle wie Feuerstahl oder –zeug
» eine Zunderquelle
» Reisig
» Holz

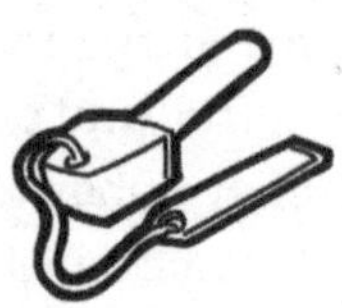

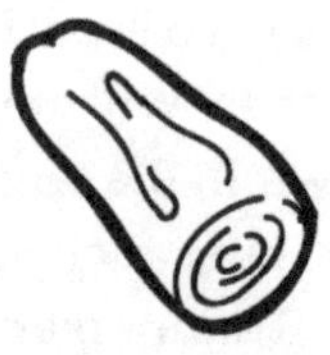

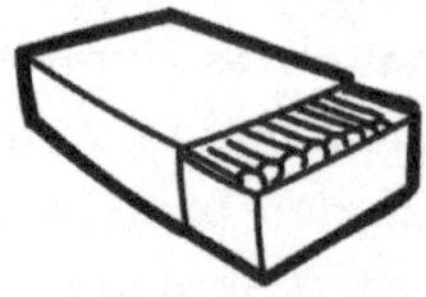

Gehen wir ins Detail: Wie die Feuerstelle aussehen sollte, haben wir schon besprochen. Als Nächstes legt euch eure **Feuerquelle** bereit. Wir wurden neulich gefragt, weshalb wir immer einen Feuerstahl nehmen, wo es doch in jedem Drogeriemarkt Feuerzeuge und Streichholzer für wenig Geld zu kaufen gibt. Das stimmt schon, und deswegen fiel uns im ersten Moment auf die Frage gar keine Antwort ein. Am Ende ist es so ein Gefühlsding. Mit dem Feuerzeug könnt ihr auch euren Weber-Gasgrill auf dem Balkon anzünden oder die Duftkerzen im Wohnzimmer. Hallo, Bergamotte! So ein Feuerstahl, über den ihr einen anderen Metallstift reibt, bis Funken entstehen, gibt uns jedes Mal wieder das urige Gefühl, doch richtige Bushcrafter zu sein. Eine logische Erklärung sieht anders aus, aber ihr kennt uns, wir sind eben manchmal auch noch sehr verspielt, und das bleibt hoffentlich ewig so! Ihr nehmt mit, dass man Feuer auf verschiedene Arten anzünden kann und ihr euch einfach die raussucht, die am besten zu euch passt. Denkt kurz an das Quiz vom Anfang. Der Survivor nimmt selbstverständlich weder Streichholz noch Feuerstahl, sondern übt sich in einer komplizierten Art und Weise, die wir hier gar nicht beschreiben, weil wir sie relativ unpraktisch finden. Waldbader und Anfänger nehmen wahrscheinlich das Feuerzeug, und die richtigen Bushcrafter haben bestimmt jetzt schon nach einem Feuerstahl gegoogelt.

Als Nächstes besorgt ihr euch ein bisschen Birkenrinde, Reisig, dicke Stöcke und kräftigere Holzstücke. Hierbei ist wieder wichtig, dass ihr keine Äste abknickt, absägt oder vom Baum abknibbelt, sondern das nehmt, was ihr auf dem Waldboden findet. Oder aber ihr arbeitet mit den **Zunderquellen**, die ihr nach unserer Anleitung schon zu Hause vorbereitet habt, nämlich Wattepads mit Vaseline oder die selbst hergestellten Charcoal-Pads aus Baumwollstofffetzen.

HACK 20: ZUNDER AUS WATTEPADS BASTELN

Zunächst braucht ihr Wattepads, leicht zu besorgen im Drogeriemarkt. Die findet ihr im Regal mit den Abschminklotionen, denn zum Make-up- und Nagellackentfernen werden sie meistens benutzt. Kauft die, die zu 100 Prozent aus Baumwolle bestehen. Zu Hause bestreicht ihr diese Pads mit ein wenig Vaseline oder anderer Petroleumsalbe, die es auch im Drogeriemarkt gibt, und packt sie ein eine kleine Dose. Möchtet ihr euren Hobo-Kocher anfeuern, nehmt ihr die Wattepads aus der Dose, legt sie auf euer Feuerholz und zündet sie an. Sie sollten sehr schnell sehr gut brennen und das Holz befeuern.

Wenn ihr noch ein altes T-Shirt übrig habt, probiert doch einfach mal, Charcoa-Pads selbst herzustellen. Dafür könnt ihr aber auch die Reste der Wattepads benutzen, die ihr nicht mit Vaseline bestrichen habt, Hauptsache, ihr nehmt etwas, das zu 100 Prozent aus Baumwolle besteht. Der Haken an diesem Hack ist, dass ihr schon ein Feuer braucht, um diese Pads herzustellen. Es bietet sich also an, vorauszuplanen und, wenn ihr regelmäßig ein Feuer macht, auch eine neue Ladung dieses Zunders herzustellen.

HACK 21: CHARCOAL-PADS HERSTELLEN

Nehmt eine kleine Metalldose, legt die Stoffstücke hier hinein. In den Deckel der Dose solltet ihr ein Loch bohren, und dann ab in die heiße Flamme damit. Erhitzt die Dose so lange, bis oben kein Rauch mehr aus dem Loch kommt. Hebt die heiße Dose mit einer Zange oder mit Handschuhen aus dem Feuer, und lasst sie abkühlen. Erst nachdem ihr das getan habt, dürft ihr die Dose öffnen. Nun solltet ihr pechschwarze Stoffteilchen sehen, die sehr leicht entzündlich und deswegen als Zunder gut geeignet sind.

Habt ihr diese Zunderquellen dabei, zeugt das von guter Vorbereitung, und wir machen uns überhaupt keine Sorgen mehr um euch. Habt ihr sie nicht dabei und findet auch sonst nirgendwo mehr Zundermaterial, gibt es noch immer die Möglichkeit, euren Rucksack zu plündern.

HACK 22: ZUNDER AUS CHIPS ODER TAMPONS

Wenn wirklich kein Zundermaterial vorhanden ist, findet ihr vielleicht noch eine Tüte Chips im Rucksack. Oder aber lose Chips, die noch irgendwo herumkrümeln. Dann, Leute, nehmt die, und zündet sie an. Die haben ordentlich Kalorien und sind trocken, soll heißen, auch sie sind ideales Brennmaterial. Nur eben viel zu schade dafür. Falls ihr keine **Chips** dabeihabt, könnt ihr schauen, ob ihr noch irgendwo einen **Tampon** rumfliegen habt. Die sind ja im Grunde auch nur wirklich kompakte Wolle. Nehmt ihn aus der Plastikverpackung, und raut die Oberfläche mit einem Messer ringsherum gut auf. Dann solltet ihr den Tampon relativ leicht anzünden können und damit ein loderndes Feuer starten.

Wenn ihr uns das mit den Chips nicht glaubt, probiert es jetzt gleich aus. Ihr werdet euch wundern, was ein oller Pringle alles erleuchten kann.

Wir selbst lieben das Pagodenfeuer, und wenn ihr euch jetzt nichts darunter vorstellen könnt, nennen wir eines mit einem anderen Namen: das Hashtag-Feuer. So sieht es nämlich von oben gesehen aus, bevor wir es anzünden. Und wie das geht, erklären wir euch selbstverständlich auch!

HACK 23: HASHTAG-FEUER ENTZÜNDEN

Legt ein paar Holzstücke auf dem Boden aus, um eine gute Basis zu schaffen, von der aus die Hitze nach oben arbeitet. Darauf legt ihr ein Zundernest. Um das Zundernest herum baut ihr einen Turm mit viereckiger Basis, indem ihr jeweils zwei möglichst gerade Holzstückchen auf den gegenüberliegenden Seiten aufschichtet. Im nächsten Schritt legt ihr zwei Holzstückchen auf die freien Seiten und dann wieder auf die erste Seite und so weiter, bis ihr eine kleine, prächtige Pagode aufgebaut habt, die von oben, wie gesagt, wie das Hashtag-Symbol aussieht. Nun könnt ihr eure Birkenrinde oder was ihr sonst benutzen mögt von oben in die Pagode hineinlegen. Das Feuer sollte nun wunderbar brennen. Um die Pagode herum könnt ihr dann die dickeren Holzscheite in Pyramidenform legen.

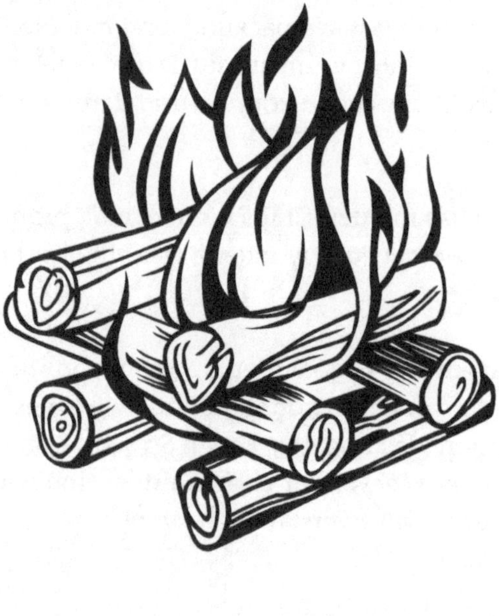

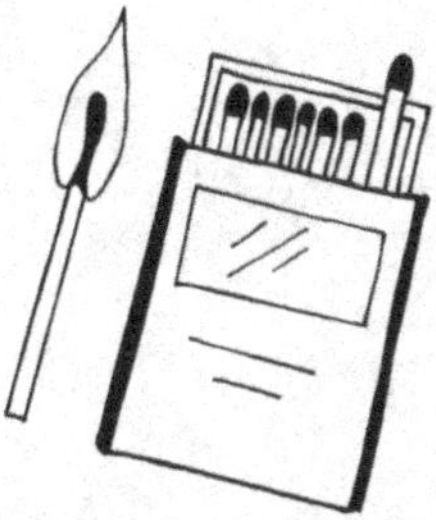

DOCH WAS, WENN DAS FEUER ZU GROSS WIRD?

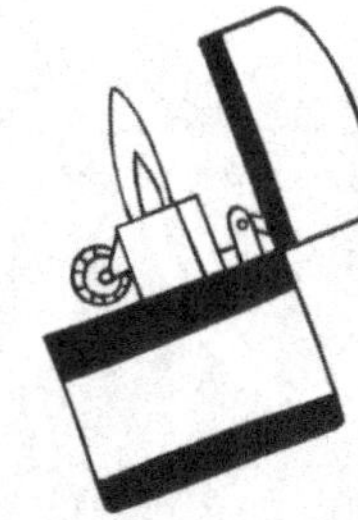

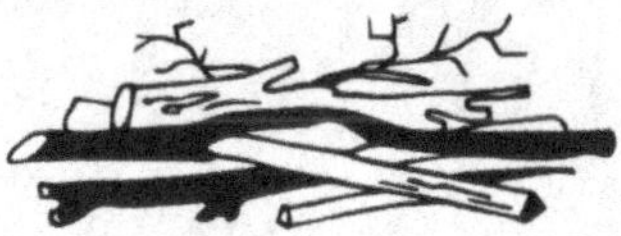

FEUER LÖSCHEN

Wenn ihr das Feuer wieder löschen möchtet, schüttet so lange Wasser darauf, bis sich die Glut in der Feuerstelle abgekühlt hat. Könnt ihr eure Hand darüberhalten, ohne euch zu verbrennen? So soll es sein. Falls ihr euch ganz sicher sein möchtet, nehmt einfach einen kleinen Ein-Liter-Feuerlöscher mit, im Zweifelsfalle werden der Wald und seine Bewohner euch danken.

Wir finden, ihr habt euch bis hierhin ganz tapfer geschlagen, sehr viel Theorie gefressen, und nun kommt die Belohnung: Es geht raus in die Natur! Jetzt dürft ihr all die schönen Sachen, die wir euch vorgestellt haben, wirklich benutzen, biwakieren und schnitzen, bis die Nachtigall ihr Lied anstimmt.

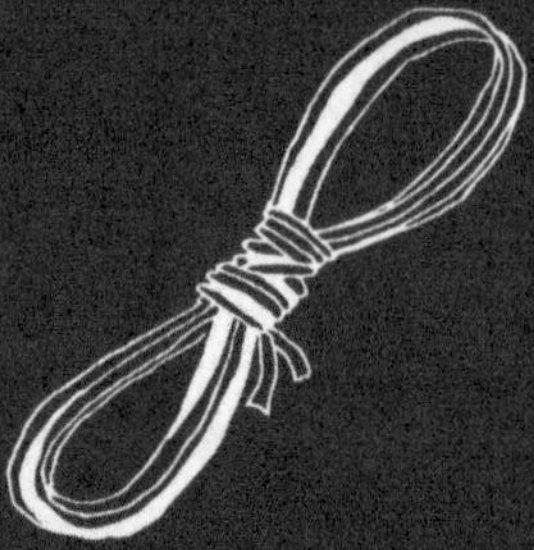

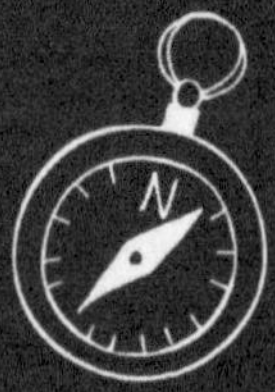

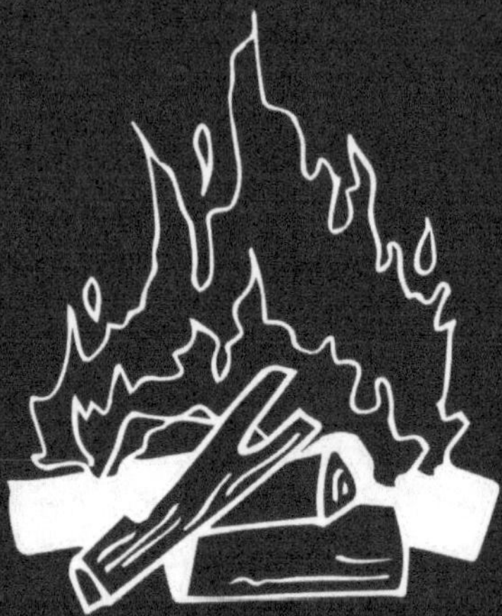

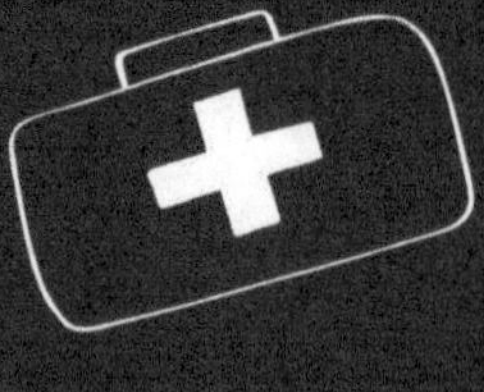

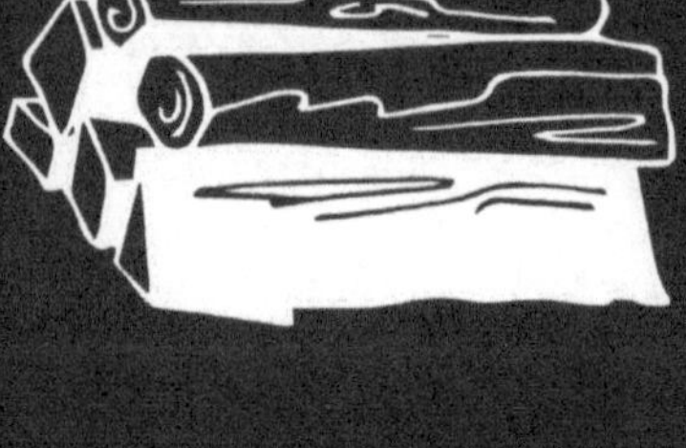

TEIL 2

AB NACH DRAUSSEN!

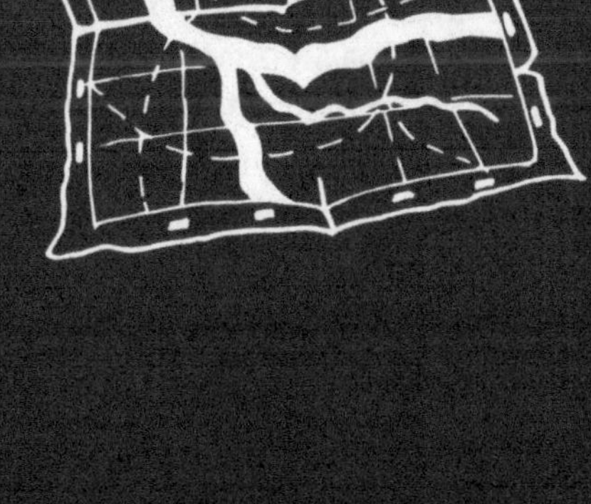

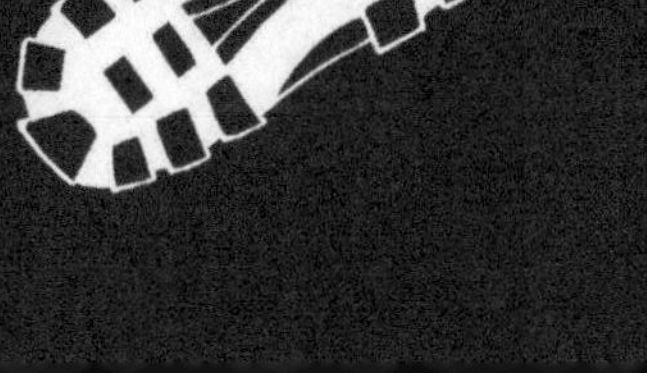

MIKROABENTEUER – EIN TAG IM WALD. MEIN KUMPEL, MEIN BIWAK UND ICH – 9 HACKS FÜR EINEN DAYTRIP

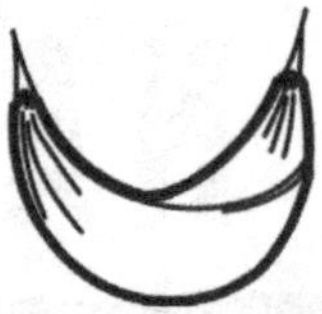

Ihr kennt euch inzwischen schon gut aus und habt wahrscheinlich auch gecheckt, worum es beim Bushcrafting für euch geht. Ihr wisst, was erlaubt und was verboten ist, die Theorie habt ihr also drauf. Nun geht es in die Praxis. Und da fängt der Spaß an.

Wie ihr vielleicht mitbekommen habt, verbringen wir inzwischen viel Zeit in unserem Camp und hoffen auf unseren Blockhausbau. Im Camp gibt es immer etwas zu tun, und wir sind eigentlich nie fertig. Bevor wir mit dem einen Projekt durch sind, ist uns schon gleich das nächste eingefallen. So war das schon früher, als wir uns im Garten von Andys Opa an unserem ersten Baumhaus versucht haben. Der Mann war viel älter als wir jetzt, aber hat uns das so fantastisch gezeigt, dass wir bald danach selbst tätig werden konnten. Von einem Abenteuer gelangten wir ins nächste – und nach zwanzig Jahren ist eben das daraus geworden, was ihr euch bei YouTube anschauen könnt. Es sieht bei uns fast aus wie im Dorf von Asterix und Obelix – nur ohne Römer, dafür haben wir eigentlich ständig Rücken. Wenn wir etwas besser machen könnten, dann dass wir beim Heben definitiv auf eine bessere Haltung achten. Um die müden Glieder zu schonen, kam uns neulich die Idee, statt des ganzen Gedönses mal wieder einen ruhigen Tag schlicht und basic im Wald zu verbringen. Und was sollen wir sagen? Es war für uns eine coole Rückkehr zu unseren Anfängen. So ausgeruht und geerdet wie an dem Abend sind wir schon lange nicht nach Hause gekommen. Es war einfach ein entspannter, geiler Bushcraft-Tag. Ein Hoch auf das Biwak, das uns immer eine gemütliche Ruhestätte ist (und hoffentlich nicht die letzte)!

Ihr kennt euch selbst zwar am besten, aber so ein Tag im Wald zeigt euch auch ganz schnell, was für ein Typ ihr seid. Vielleicht seid ihr wie wir, kocht und lacht viel, baut und werkelt dabei? Oder seid ihr mehr der Survival-Typ und schlagt euch den ganzen Tag durch das Unterholz? Dann probiert es trotzdem mal zwölf Stunden lang wie wir, setzt euch gemütlich ans Lagerfeuer, und genießt die Natur. Ob im Wald oder am Fluss oder am See, das ist komplett egal. Hauptsache, ihr habt Bock.

In **Teil 1** haben wir euch genau aufgezählt, zu welchem Equipment wir euch als Bushcrafter raten. Jetzt wenden wir das neue Outdoor-Wissen an und sagen euch, was ihr davon speziell für einen Biwak-Tag braucht. Zuerst wäre da das Wichtigste, das es in keinem Shop der Welt zu kaufen gibt: Schnappt euch euren **Kumpel** oder eine **Freundin**, denn zu zweit macht es, wie ihr bei uns sehr gut sehen könnt, doppelt so viel Laune. Denn ehrlich, was wäre Andy da draußen ohne Gerrit und Gerrit da draußen ohne Andy? Zu zweit in der Natur kommen uns die besten Gedanken. Wie die Idee zu dem „Naturensöhnen"-Channel, die bei einer Übernachtung unterm Blätterdach geboren wurde, weil wir die Videofunktion an Gerrits neuer Kamera ausprobieren wollten. Was genau für euch rauskommt, können wir euch nicht vorhersagen, wir können nur raten: Probiert es einfach aus, und sagt uns Bescheid, falls sich etwas ebenso Lebensveränderndes daraus ergibt.

Bei unserem kleinen Revival-Tag wollten wir nicht ganz auf die im Camp herrschende Gemütlichkeit verzichten, deshalb hatten wir vorgesorgt und alles mitgenommen, was wir für ein kleines Biwak brauchten. Ultralightwandern sieht anders aus, aber wir wollten ja am Abend wieder zu Hause sein, und so war uns klar, dass wir uns hier keinen Hirsch schleppen würden. Eine grobe Faustregel lautet, dass die Anforderungen für einen Tagestrip niedriger sind als bei einer oder mehreren Übernachtungen.

Dennoch solltet ihr nur das mitnehmen, was nützlich ist und kein Ballast wird. Wir haben uns dazu entschieden, ein **Tarp** aufzustellen, eine **Feuerstelle** zu errichten und eine **Reflektorwand** zu bauen, um die Wärme optimal zu nutzen. So wird es beim **Schnitzen** erst richtig gemütlich!

Packliste für eine Tagestour:

» Isomatte
» Tarp
» Feuerstahl
» Zunderbeutel
» Komplettes Saniset und Verbandset
» Wasser
» Kocher
» Töpfe
» Tassen
» Besteck
» Kochbesteck
» Messer
» Wechselwäsche
» Regenjacke
» Taschenlampe
» Powerbank
» Sonnencreme
» Mückenmittel

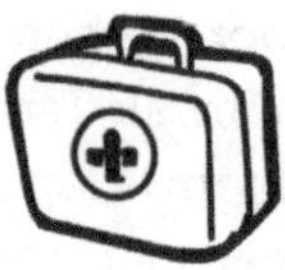

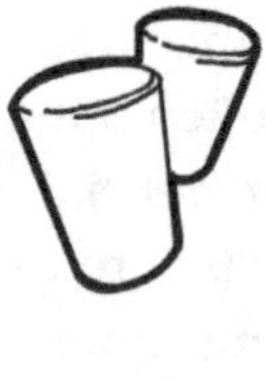

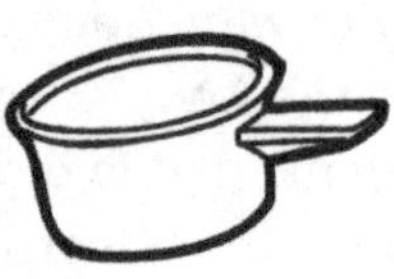

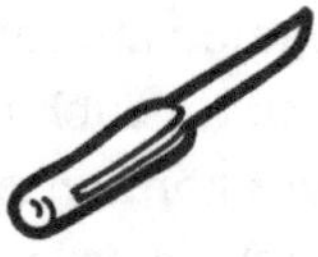

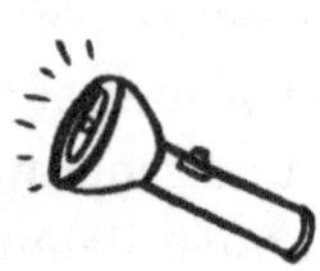

Die meisten Menschen sind unterschiedlich, wir haben wirklich noch nie welche getroffen, die genau gleich waren. Und so mögen wir uns charakterlich sehr ähneln, aber manchmal setzen wir doch verschiedene Schwerpunkte. Während Andy das Schnitzwerkzeug als wichtigstes Gear für den Bushcraft-Tag braucht, sieht Gerrit als der Mückenschutzbeauftragte der Naturensöhne das anders und warnt: Vergesst nicht das **Insektenmittel**, wenn ihr zu Mutter Natur geht. Nichts ist nerviger, als komplett von Mücken zerstochen und von Zecken angefallen zu werden, das zerschießt euch die ganze Nacht, und Entspannung könnt ihr knicken. Also am besten wie von uns am Anfang des Buchs empfohlen ein Insektenmittel für die Haut und eins für Textil einpacken!

Habt ihr euch eingesprüht, macht euch auf die Suche nach **Holz**. Einen Teil des Brennstoffes brauchen wir für ein gepflegtes Lagerfeuer, damit es behaglich wird. Den anderen Teil könnt ihr zurücklegen und daraus einen Löffel und einen Pfannenwender schnitzen. Klingt komisch, aber es gibt wenig, was so meditativ ist und uns so erdet wie die Tätigkeit des Schnitzens. Das sind bei uns die wenigen Momente, in denen ein paar Minuten lang weder der eine noch der andere etwas sagt, weil beide im Flow beseelt vor sich hin arbeiten. Neben diesem Freiluft-Achtsamkeitseffekt hat das Schnitzen den riesigen Vorteil, dass ihr die selbst gemachten Sachen später am Tag noch einsetzen könnt. Wie geil ist das?

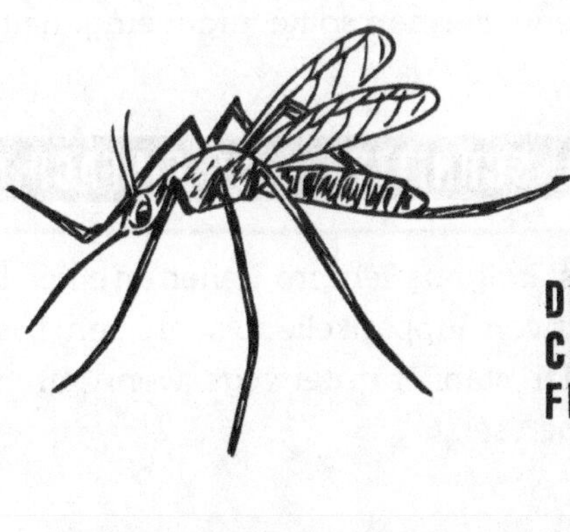

DES BUSHCRAFTERS FEIND ...

SCHNITZWERKZEUG FÜR PROFIS

Als **Schnitzwerkzeug** braucht ihr ein gutes **Messer**, beispielsweise ein Mora-Messer mit Scandischliff, und eine kleine **Säge**, mit der ihr Stücke in der richtigen Größe vorbereiten könnt. Aber denkt daran, keinen Ast abzusägen, sondern nur das zu benutzen, was auf dem Boden liegt. Etwa 13 bis 20 Zentimeter lang sollten diese Stücke für einen Pfannenwender schon sein, schön trocken, aber nicht brüchig. Wenn ihr noch keine wahren Schnitzkünstler seid, reicht ein simples **Schweizer Armeemesser** oder ein **Schälmesser**. Geduld braucht ihr selbstverständlich auch, das ist sowieso die Grundlage allen Bushcraftings. Vielleicht hilft euch noch ein **Arbeitshandschuh**, entweder bei der Holzsuche oder auch beim Schnitzen selbst.

Nachdem ihr euer Tarp aufgebaut und euch ein schönes Stück Holz gesucht habt, setzt ihr euch auf eure Isomatte, freut euch, in der Natur zu sein, und nehmt sowohl Holz als auch das Messer zur Hand. Wichtig beim Schnitzen ist, dass ihr nicht wie ein Berserker rumhobelt und riesige Späne heraushaut, sondern richtig schön behutsam vorgeht. Wir nehmen ja nicht nur Videos auf, sondern gucken selbst gerne welche, und mitunter wird uns ganz flau, wenn wir dort oder im Real Life sehen, wie Menschen ohne Sinn und Verstand rumhobeln. Alter, kann man sich beim Schnitzen böse verletzen, und diese ganzen schlimmen Wunden kommen meist daher, dass ein paar grundlegende Regeln, die eigentlich jeder kennen sollte, nicht eingehalten wurden.

HACK 24: SCHNITZEN – SO EINFACH GEHT'S

» Auch wenn es lässig aussieht, im Stehen an einen Baum gelehnt an der ultimativen Suppenkelle zu schnitzen: Lasst es sein. Ihr seid wesentlich stabiler unterwegs, wenn ihr euch auf eure vier Buchstaben setzt.

» Dabei lasst aber ein wenig Platz zwischen euch und euren Freunden. Zwar erzeugt Nähe Geborgenheit und Wärme, aber die Wärme sollte nie vom spritzenden Blut aus der verletzten Ader eurer Freunde stammen. Guckt also, dass ihr euch nicht in die Quere kommt.

» Schnitzt vom Körper weg! Und wenn ihr schon auf dem Schoß schnitzen müsst, dann nehmt euch ein Brett als Unterlage.

» Wenn ihr fertig seid, dann räumt euren Krempel weg. Das gilt grundsätzlich, besonders aber für scharfes Werkzeug wie Messer oder Sägen.

Jetzt wisst ihr Bescheid, welche Sicherheitsvorkehrungen ihr zum Schnitzen treffen solltet. Wir haben dann auch gleich ein paar nette Projekte für euch, mit denen ihr euch die Zeit, bis euer Kaffee kocht oder das Feuer lodert, vertreiben könnt. Fangen wir mit einer ganz einfachen **Schnitzübung** an, die aber wahnsinnig viel Freude bringen kann. Ideal ist diese Schnitzübung auch, wenn ihr immer schon den Haselnussbusch oder die Weide im Garten ausdünnen wolltet, denn dieses Holz eignet sich besonders gut.

Erinnert ihr euch an die vollgesabberte Moeck- oder Hohner-Blockflöte aus dem Schulunterricht? Wir wetten, irgendwo liegt sie noch und träumt von den guten alten Zeiten. Denkt daran, wie sie zusammengesetzt war: Ihr hattet ein abgeschrägtes Mundstück mit einer Einkerbung, das ihr auf den Flötenkörper aufgesetzt habt. So ähnlich soll eure **Maipfeife** aussehen, nur ohne diese verwirrenden Löcher. Gott, klang das schief, wenn wir uns damit versucht haben. Nun gut, habt diese Flöte vor Augen, während ihr eure eigene schnitzt. Richtig schön wird das Instrument leider nur im Frühjahr, wenn das Holz frisch ist.

HACK 25: DIE EIGENE MAIPFEIFE

Sucht euch ein Stück Holz, das noch nicht lange am Boden liegt und noch schön saftig und elastisch ist. Es sollte idealerweise so dick wie euer Finger, gerade und astfrei sein, also ohne Hubbel und Auswachsungen.

Jetzt schnitzt ihr oben eine kleine Kerbe in das Ende. Hier pustet ihr später hinein, ihr solltet deswegen gründlich arbeiten, damit ihr keine Splitter oder Fasern zwischen die Zähne bekommt. Nun denkt wieder an eure alte Flöte, dreht das Stück Holz, und schnitzt gegenüber von eurer Kerbe eine weitere hinein, die etwas weiter unten sitzt, etwa einen Finger breit. Hier soll später die Luft herausströmen, sie muss nicht groß sein.

Wieder drei oder vier Finger weiter unten schnitzt ihr eine Einbuchtung, schön einmal ganz herum. Nun folgt die Fleißarbeit: Ihr klopft mindestens fünf Minuten lang mit dem Griff eures Messers ringsherum auf das obere Stück Holz. Das ist recht meditativ und beruhigend. Aber ihr könnt dabei quatschen oder über euer Leben nachdenken, Hauptsache, ihr macht es lange genug. Damit wird die Rinde gelockert, und ihr könnt sie durch Drehen abziehen. Nun solltet ihr ein Stück Holz in der Hand halten, das unten Rinde besitzt, oben nicht. Bei dem eine Kerbe an der Oberseite sitzt und eine an der gegenüberliegenden Seite.

Die Letztere schnitzt ihr nun ein wenig weg, um der Luft einen Weg zu schaffen, und dann sägt oder schneidet ihr eure Stöcke an der Stelle einmal quer durch, sodass ihr ein kleines, rindenfreies Stückchen erhaltet. Das setzt ihr nun wieder in das Stück Rinde ein, ganz vorsichtig, und zieht die Rinde auf den Rest. Aber nicht ganz festdrücken, sonst kommt ja kein Ton raus. Pustet hinein, fertig ist eure Pfeife!

Wenn ihr euch nun warm geschnitzt habt, möchtet ihr sicher zum nächsten Projekt übergehen, das euch einen Tick mehr herausfordert. Weshalb versucht ihr nicht, einen Löffel zu schnitzen, den könnt ihr beim Bushcraften gut gebrauchen?

HACK 26: HOW TO – LÖFFELSCHNITZEN

Für einen richtig stabilen Löffel, der gut in der Hand liegt, nehmt ihr ein etwa 30 Zentimeter langes und nicht zu schmales Stück Holz. Beispielsweise den Ast einer Birke, den ihr im Unterholz gefunden habt. Er sollte nicht viel dicker als euer Unterarm sein.

Den nehmt ihr nun und fangt an zu batonen, also das Holz längs mit Hilfe eines Messers zu spalten. Das geht, Vorsicht, nur mit einem Full-Tang-Messer wirklich gut. Das setzt ihr oben auf den aufgestellten Ast auf, mit der Klinge nach unten selbstverständlich, und klopft nun mit einem Gewicht, entweder einem anderen Stück Holz oder einem Stein, längs das Holz durch. Weiter hinten erklären wir das Batoning noch einmal ganz in Ruhe. Wahrscheinlich müsst ihr diesen Schritt mehrfach wiederholen, bis ihr einen Holzkeil geformt hat, der unten breiter ist als oben und an dem keine Rinde mehr klebt.

Daraus schnitzt ihr zunächst die Grobform eines Löffels, indem ihr das Holz immer schön vom Körper weg abhobelt. Dann stecht ihr mit der Messerspitze die Umrisse der Vertiefung ins Holz und arbeitet sie an der Holzfaserung entlang heraus, entweder mit dem Messer, mit dem ihr sowieso schon unterwegs seid, oder mit einem Schälmesser, dessen Klinge halbrund gebogen ist. Damit geht es einfacher, es ist jedoch kein Muss. Stecht immer wieder ins Holz, und schält Streifen für Streifen aus der Mulde. Wie tief sie sein sollte, das ist euch selbst überlassen.

Möchtet ihr den neuen ultimativen Suppenlöffel produzieren, oder reicht es euch, wenn ihr ein bisschen in der Pfanne rumrühren könnt? Was auf jeden Fall wichtig ist: Versucht, euch aus der groben Form heraus um die Vertiefung herum von allen Seiten der endgültigen Form zu nähern, indem ihr mehr und mehr abhobelt. Setzt dazu das Messer unterhalb der Mulde an, und verjüngt den Löffel zum Stiel hin. Draußen in der Natur reicht das schon. Falls ihr aber in der eigenen Laube sitzt oder im Garten oder sowieso im Auto auf dem Parkplatz eines Baumarktes campiert (in dem

Fall solltet ihr euch jedoch Gedanken über eure Lebensführung machen), dann könnt ihr euch ein Stück Sandpapier besorgen und damit die Oberfläche abreiben, sodass das alles schön smooth wird. Perfekt wird es, wenn ihr erst Papier mit einer gröberen Körnung nehmt und euch dann ein oder zwei Stufen hocharbeitet. Oder ihr rundet das Ganze mit einem Schleifschwamm ab, mit dem man wirklich überall gut rein- und rauskommt.

Falls ihr das alles nicht zur Hand habt, könnt ihr den Löffel auch mit der Mulde nach unten zeigend kurz über eine kleine Flamme halten; die feinen Fasern, die beim Essen im Mund stören, brennen rasch aus. Danach spült ihr euer Meisterstück noch einmal kurz aus, und ihr seid fertig!

Am Anfang braucht ihr bestimmt ewig und drei Tage für einen einfachen Löffel. Lasst euch aber nicht entmutigen, und übt weiter. Michel aus Lönneberga ist auch nur durch viele unfreiwillige Stunden im Schuppen seiner Eltern zum Schnitzmeister geworden. Mit jedem selbst hergestellten Stück verbessert ihr euch, und vielleicht könnt ihr bald vom Löffel zur Suppenkelle oder zu einer Tasse aufsteigen.

HACK 27: KUKSATASSEN FÜR FORTGESCHRITTENE

Das hier ist deutlich komplizierter, aber eine lohnende Herausforderung – eher etwas für fortgeschrittene Schnitzer, die über mehr Werkzeug als ein simples Schweizer Messer verfügen. Alle anderen können sich selbstverständlich auch versuchen. Wir hatten die nordischen Kuksatassen aus Holz ja bereits erwähnt, weil Gerrit sie so schick findet. Die selbst gemachte Variante wird selten an die Qualität der gekauften herankommen. Dafür ist es einfach geil, so ein Teil selbst herstellen zu können. Ein weiterer Trost: Sobald ihr erst mal wisst, wie es geht, klappt es bei der nächsten schon viel besser.

Ihr braucht:

» einen etwa armdicken Baumstamm, beispielsweise den einer Birke, mit einer Länge von etwa 25 Zentimeter.
» ein Schnitzmesser, nach Möglichkeit Full Tang
» ein Hakenmesser
» einen Meisel
» eine kleine Axt
» einen Bleistift
» eine kleine Säge
» Sandpapier

Nehmt den Baumstamm, und schlagt ihn längst zur Hälfte durch, entweder mit der Axt, oder nehmt euer Messer, und macht euch ans Batonen. Am Ende solltet ihr zwei etwa gleichgroße Hälften mit einer schönen glatten, hellen Oberfläche haben.

Malt euch dann die Draufsicht einer Tasse auf die Oberfläche dieser Hälfte, also einen kleinen Kreis für die Innenseite, einen größeren Kreis für die Außenseite und eine Verlängerung für den Henkel. Stellt den Holzblock auf einem großen Stein ab oder auf einem anderen Stück Holz.

Fangt dann an, mit der Axt das Holz um den Kreis herum im Halbrund abzuspalten. Seid vorsichtig, damit ihr nicht zu viel weghackt. Stellt euch vor, ihr würdet einen Bleistift sehr stumpf anspitzen. Wenn euer Holzstück irgendwann an der einen Kante halbrund aussieht wie eine aufgeschlagene Kokosnussschale, macht ihr es richtig.

Seid ihr damit fertig, nehmt ihr die Säge und versucht, oberhalb eurer Kreiszeichnung anzusetzen und quer zur Länge in den Stamm zu sägen. Setzt nun an der unbearbeiteten oberen Seite des Holzstücks mit der Axt an, und versucht, sie mit einem Stein ins Material zu treiben. Dann nehmt ihr wieder die Säge, und mit wenig Aufwand solltet ihr nun ein seitliches Stück herausbrechen können.

Wiederholt diesen Vorgang, so gut es geht, auf der anderen Seite. Vielleicht könnt ihr die Form der Tasse jetzt schon leicht erahnen, vielleicht sieht das Holz für euch auch nur aus wie ein großer Pilz. Macht nichts, genau so soll es sein. Nehmt nun wieder eure Axt, und macht euch am „Pilzkopf" zu schaffen, rundet ihn schön ab, sodass er beginnt, wie der Bauch einer Tasse auszusehen. Danach verschmälert ihr den Griff behutsam, bis ein langer Spalt aus dem Rund ragt.

Dann dreht ihr das Ganze um, nehmt euer Hakenmesser und fangt an, die Tasse auszuhöhlen. Unter Umständen braucht ihr dazu den Meisel. Das dauert, aber Termine werdet ihr in der Natur ja wohl nicht haben. Also schnitzt mit Muße, bis ihr denkt, eine gute Tasseninnenseite hergestellt zu haben.

Wenn sie euch glatt genug erscheint, könnt ihr rundherum checken, ob ihr noch etwas mit dem Messer nacharbeiten müsst. Wenn nicht, nehmt ihr das Sandpapier und schleift die Tasse ab. Fertig! Ihr habt nun entweder eine richtig urige Tasse für euch selbst oder ein Muttertagsgeschenk, das garantiert nicht auf den letzten Drücker gekauft wurde.

KNOTEN

Eine andere Fertigkeit, die uns unterwegs immer nützt, ist eine gute Knotentechnik. Keiner hat da schon so früh Erfahrung gesammelt wie Gerrit. Als kleines Kind bekam er von seinen Eltern immer die Willi-Wiberg-Bücher von Gunilla Bergström vorgelesen. Ihr kennt sie vielleicht auch, sie handeln von einem Jungen, der einen extrem runden Kopf hat und mit seinem Vater zusammenlebt. In einem Buch nimmt Willi die Strickwolle des Vaters und spannt daraus ein wildes Netz im Zimmer. Gerrit hatte sich mit etwa vier Jahren gedacht, dass er doch auch so ein Netz spannen könnte, denn seine Mutter bewahrte die Wolle gut zugänglich in einer Tüte im Wohnzimmer auf. Eines

Sonntagmorgens schlich er sich, während die Eltern noch schliefen, aus seinem Zimmer und knotete die eine Wolle hier an, die andere dort. Am Ende war das gesamte Zimmer vernetzt und das Gelächter in der Familie groß. Gut, ein bisschen Ärger wird es auch gegeben haben, aber heute erinnern sich alle nur noch daran, wie lustig das Zimmer aussah.

Doch auch ohne Gerrits frühkindliche Erfahrung könnt ihr lernen, gute, feste Knoten zu binden. Wer hilft euch dabei? Wir natürlich! Also passt auf, wir haben dazu zum Glück auch schon ein Video gemacht (QR-Code auf S. 201) und können deswegen aus dem Nähkästchen plaudern.

IMMER IM GEPÄCK: BÄNDSEL UND SEILE

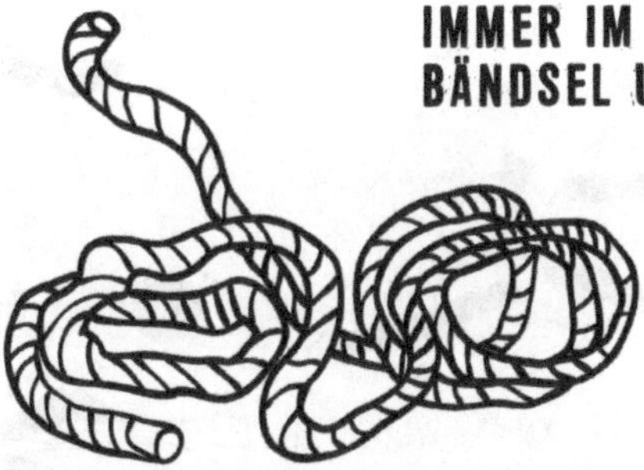

Wenn ihr eine Schnur mit einem Knoten verlängern möchtet, den aber auch bald wieder lösen möchtet, raten wir euch zum **Kreuzknoten**. Ein Vorteil dieses Knotens besteht darin, dass er nicht aufträgt, das heißt, ihr habt keinen großen Puschel in der Schnur, was ungünstig sein kann, beispielsweise wenn ihr euer Tarp drüberlegen möchtet. Nehmt ihn nicht, um schwere Dinge dranzuhängen, die Hängematte eures Kumpels oder einen Sack mit Großmutters kostbarem Geschirr. Okay, das bringt wirklich niemand mit in den Wald, aber wir meinen nur: Der Knoten kann sich, falls die Schnur zu sehr belastet wird, auch wieder lösen.

HACK 28: KREUZKNOTEN ANWENDEN

Für den **Kreuzknoten** nehmt ihr zwei gleich starke Schnüre und legt sie wie ein X übereinander (1). Dann führt ihr ein Ende unter dem anderen durch (2). Legt das Ende, das vorher oben lag, wieder darüber (3), und zieht es fest (4). Vorsicht: Das Ende, das oben lag, muss beim nächsten Mal auch wieder oben liegen, sonst ist der Knoten nicht belastbar.

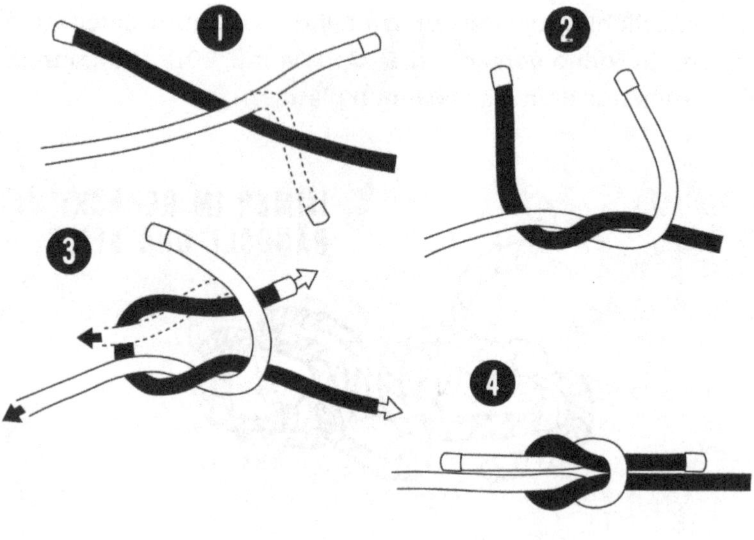

Ihr seid vielleicht jetzt ganz begeistert, dass ihr schon einen Knoten gelernt habt. Oder deprimiert, weil euch der Knoten nicht in den Sinn geht und ihr schon seit Stunden auch mit Hilfe von YouTube und allen engen Verwandten versucht, den Kreuzknoten zu binden. Für beide Fälle haben wir eine gute Nachricht: Wir haben noch mehr Knoten, an denen ihr euch ausprobieren könnt!

Wenn ihr eine Schlaufe herstellen möchtet, mit der ihr eure Hängematte aufhängen könnt, kommt euch der **Achterknoten** genau zupass. Wie der geht?

HACK 29: STABILE SCHLAUFE KNOTEN

Bestens eignet sich hierfür der **Achterknoten**. Legt die Schnur dazu doppelt, das untere Ende sollte dabei geschlossen sein. Das legt ihr nun in einem Bogen über das obere Ende und führt es hinten noch einmal unter der Schnur hindurch (1). Ihr erhaltet eine Öffnung, durch die ihr nun das geschlossene Ende der Schnur durchzieht (2). Et voilà habt ihr eine tolle, stabile Schlaufe, durch die ihr das andere Ende der Schnur ziehen könnt (3). Sehr praktisch und mit ein bisschen Übung sicher auch zu schaffen.

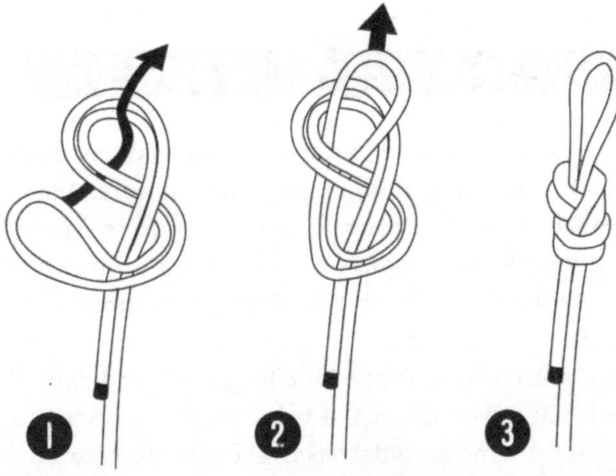

Mit diesen Knoten könnt ihr nun schon ein Tarp und eine Hängematte errichten. Aber wir wären ja nicht die Naturensöhne, wenn wir nicht noch ein paar andere gute Tipps auf Lager hätten. Knoten, um etwas an eurer Gear zu hängen, oder Knoten, die ihr nachspannen könnt. Oder Knoten, mit denen ihr euer Tarp befestigen könnt, falls ihr euch unglücklicherweise und entgegen unserem ausdrücklichen Rat eins ohne Schnüre gekauft habt. Egal, wir machen alle Fehler. Schauen wir nach vorn und widmen wir uns dem nächsten Knoten.

Stellt euch vor, ihr seid in den Rocky Mountains unterwegs und habt eure Hängematten ganz oben in die Bäume gespannt, damit euch kein Puma erwischt. Nun schaukelt der Wind euch gemütlich in den Schlaf, doch ihr hört auf einmal ein Geräusch. Verschreckt greift ihr zur Taschenlampe, aber, oh Schreck, sie liegt noch unten. Gut, wenn ihr nun eine Campinglampe an eure Ridge Line gehängt habt. Noch besser, wenn ihr dort auch noch einen kleinen Beutel mit Wertsachen und Papieren gesichert habt, denn das nächste Konsulat, bei dem ihr einen Ersatzpass beantragen könnt, ist weit weg. Vor allem wenn man zu Fuß gehen muss, weil der Autoschlüssel verschwunden ist.

HACK 30: KNOTEN FÜR DIE RIDGE LINE

Der **Schmetterlingsknoten** ist der eurer Wahl falls ihr etwas wie oben erwähnt an eurer Ridge Line anbringen möchtet. Dazu nehmt ihr die Ridge Line, bevor ihr sie aufhängt, legt sie an einer kurzen Stelle parallel, sodass eine Schlaufe entsteht. Diese Schlaufe windet ihr nicht einmal, sondern zweimal in die gleiche Richtung, sodass in der Mitte ein Auge entsteht (1). Führt die Schlaufe hinten um die Ridge Line herum (2) und dann durch das Auge hindurch (3). So entsteht eine wunderschöne Schlaufe, an die ihr mit einem Karabinerhaken alles dranhängen könnt (4).

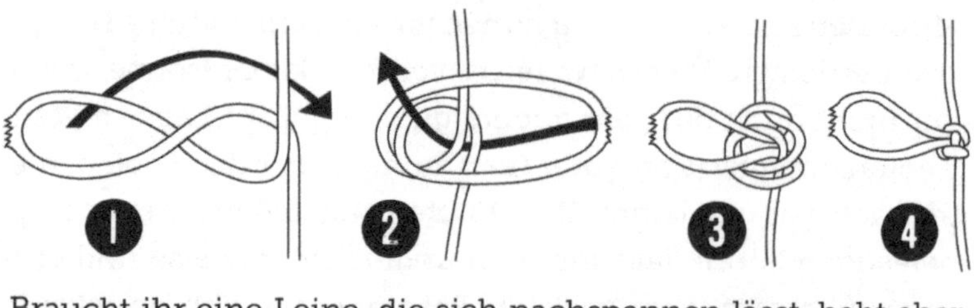

Braucht ihr eine Leine, die sich nachspannen lässt, habt aber keine, dann könnt ihr euch mit dem **Topsegelschotstek** helfen. Keine Ahnung, wie der geht? Wir erklären es euch!

HACK 31: TOPSEGELSCHOTSTEK-KNOTEN

Für diesen Knoten führt ihr das Seil einmal um den Stamm oder der Pfahl, an dem ihr es befestigen möchtet, herum (1). Danach wickelt ihr das kürzere Ende zweimal um das längere herum (2). Danach führt ihr das kürzere Ende wieder unter dem längeren Ende hindurch (3 + 4), und schon habt ihr einen schönen beweglichen Knoten (5), mit dem ihr ein Seil nachspannen könnt!

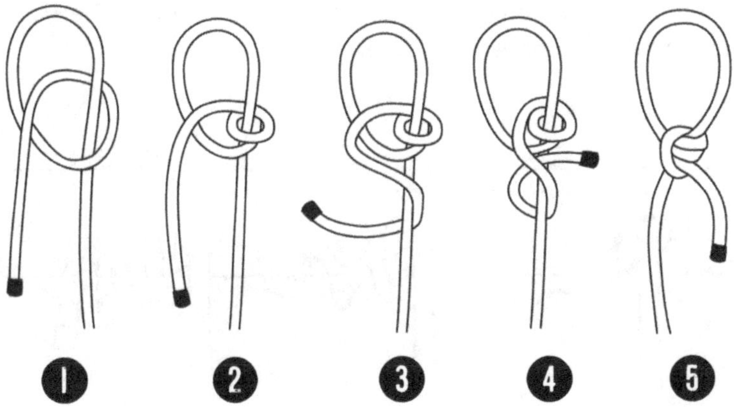

Ein anderer Knoten, der vor allem beim Transport hilft, ist der **Zimmermannsschlag**. Habt ihr einen Baumstamm gefunden und braucht einen Knoten, um ihn zu eurem Lagerplatz zu ziehen? Dann ist das der Knoten für euch. Ihr könnt ihn auch den Gitarrenknoten nennen, denn er wird auch benutzt, um Saiten am Instrument zu befestigen. Und habt ihr vor Augen, wie Jimi Hendrix an seiner Gitarre rumgemacht hat, ohne dass sich eine Saite gelöst hat, bevor alles in Schutt und Asche gelegt wurde? Dann könnt ihr euch vorstellen, was dieser Knoten aushält.

HACK 32: KNOTEN ZUM TRANSPORT VON GEGENSTÄNDEN

Nehmt euer Stück Holz, das ihr befördern möchtet, und werft euer Seil einmal drum herum (1). Damit stellt ihr eine Schlinge her. Dann wickelt ihr das kürzere Ende eures Seils einige Male um diese Schlinge (2). Noch sitzt der Knoten ganz locker, wenn ihr aber am Seil zieht, zieht sich auch der Knoten fest (3). So könnt ihr auch Dinge in die Höhe ziehen, falls ihr eine dreistöckige Waldhütte oder einen hohen Ausguckpunkt errichtet. Mit dem **Zimmermannsschlag** hat ihr einen einfachen, aber grundsoliden Knoten im Repertoire.

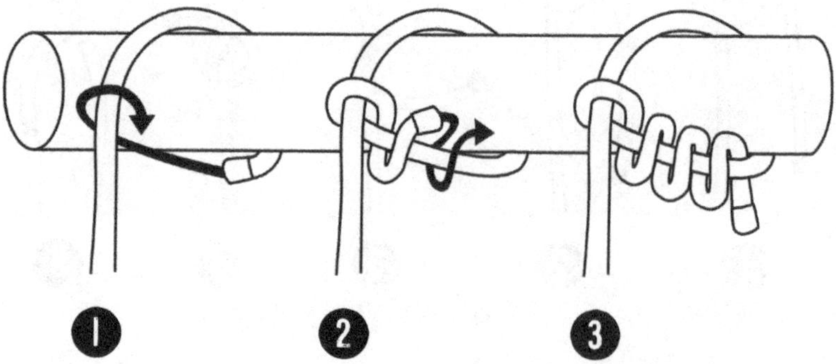

Wir glauben, ihr seid nun gut gerüstet, wisst zu welchem Anlass welches Gear angebracht ist und wie ihr euch verhalten solltet. Ihr habt Ahnung, wie man sich gegen die Elemente schützt, wie man sich im Wald verpflegt und was ihr mit eurer Zeit anstellen könnt, um selbst eine wahre Naturentochter oder ein wahrer Naturensohn zu werden. Wir finden, ihr seid im Grunde nur noch einen Schritt davon entfernt, euer eigenes YouTube-Tutorial für Bushcrafter zu drehen und uns ordentlich Konkurrenz zu machen.

NIGHT AND DAY – ÜBERNACHTEN IM WALD

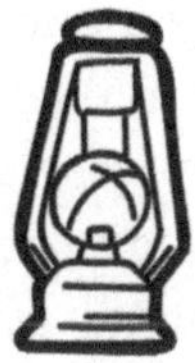

Wir erinnern uns alle an die quälenden Touren durch den Wald, die sich zu nachtschlafender Zeit abspielten. Oder zumindest dachten wir damals, es sei schon mitten in der Nacht, weil wir sonst zu dieser Stunde längst im Bett lagen und schliefen. Ihr wisst bestimmt, wovon wir reden: von der Nachtwanderung auf der jährlichen Klassenfahrt. Die meisten haben es doch so in Erinnerung, dass der Lehrer vorausging, mit irgendeinem Bildungsauftrag im Kopf und dem Vorhaben im Herzen, euch Eulen zu zeigen oder sonstige nachtaktive Tiere. Eure unwilligen Klassenkameraden und ihr seid mit Taschenlampen bewaffnet hinterhergeschlichen, immer wachsam, denn das nächste Wildschwein könnte gleich um die Ecke kommen. Oder ein Geist oder einfach nur eine Spinne. Vergesst diese schrecklichen Erinnerungen! Nachts im Wald ist es zwar ein wenig gruselig, aber auch anheimelnd und spannend. Für uns ist es immer wieder eine ergreifende Erfahrung, und wir würden am liebsten so viele Videos darüber machen, leider gibt es da ein großes Problem: Bei Dunkelheit lässt sich schlecht filmen. Klar könnten wir mit Beleuchtung arbeiten, unser Bild ausleuchten, doch würde dadurch der Charme der Nacht nicht zerstört? Ja, ganz sicher. Deswegen spielen die meisten unserer Videos am Tage, und das wird auch noch lange so bleiben.

Schade, dass es bei uns kaum erlaubt ist, im Wald zu übernachten. Darüber sprachen wir ja schon in dem Abschnitt, in dem es darum ging, was ihr dürft und was ihr besser lasst, wenn ihr mit dem Gesetz nicht in Konflikt geraten möchtet. Deshalb lieben wir auch das Tarp-Set-up und feiern unsere Hängematte dabei so sehr. Schließlich ist ein Tarp kein Zelt, und wer seine Hängematte an den Baum bindet und das Tarp darüberwirft, wird eher eine Notlage erklären können als jemand, der ganz vorsätzlich ein ganzes Zelt in den Wald schleppt. Soll heißen: Ihr nehmt euer Tarp mit, die Hängematte und alles, was ihr für den Tagesauflug sowieso dabeihattet und Wechselwäsche. Werdet an diesem Punkt nicht crazy, Wechselwäsche heißt, dass ihr Ersatz für eventuell feuchte Kleidung habt, und nicht, dass ihr am Morgen ein frisch gebügeltes Lacoste-Polohemd aus dem Rucksack ziehen müsst. Wir listen einige Dinge wie Tarp und Hängematte auf, die wir schon für die Tagestour empfohlen haben. Weshalb? Weil die Erfahrung zeigt, dass Waldbader sich oft nicht gut genug für einen Tagesausflug vorbereiten. Wenn ihr euch verlauft oder feststeckt, kann es immer sein, dass ihr unfreiwillig eine Nacht im Wald verbringen müsst, das ist mit Gear deutlich angenehmer und gesünder als ohne!

Was ihr zusätzlich für eine Übernachtung mitnehmt:

» Waschtasche (deren Inhalt findet ihr auf der nächsten Seite)
» Tarp
» Hängematte
» Schlafsack
» Isomatte
» Wechselwäsche
» Zusätzlich zur Taschenlampe eine Campingleuchte
» Batterien oder eine Powerbank

Das ist das Paket für Wanderausflüge im Inland. Vielleicht seid ihr ja auch im Ausland unterwegs, da gelten zum Teil noch strengere Regeln. So kann euch das Pilzesammeln in den

Niederlanden teuer zu stehen kommen. In Norwegen und Schweden hingegen ist alles viel einfacher, und man muss sich nicht dauernd Gedanken machen, wo man schläft, sondern sucht sich ein lauschiges Plätzchen. Egal, wo ihr seid, auf Toilette gehen, euch waschen und etwas essen müsst ihr auf jeden Fall. Und dazu folgen nun ein paar Hacks.

KÖRPERHYGIENE IM WALD

So mancher geht in den Wald und möchte dort hausen, als sei die Zombieapokalypse gerade eingetreten und es ginge nur noch um das nackte Überleben. Wir aber, die wir regelmäßig zur Zahnprophylaxe pilgern und es schon mögen, wenn der andere nicht müffelt, versuchen, auf ein Minimum an Körperpflege zu achten. Deshalb listen wir euch zunächst auf, was wir immer mit auf unsere Ausflüge nehmen. Vielleicht habt ihr noch das ein oder andere, das ihr gerne dabeihabt oder dabeihaben müsst, dafür sollte dann auch Platz sein. Außerdem könnt ihr euch zu zweit oder dritt absprechen, damit nicht alle alles einpacken. Nur solltet ihr das richtig tun, sonst sitzt ihr womöglich ohne alles in der Natur und habt dann auch keinen Spaß.

Eure Waschtasche packen – wir haben immer dabei:

» Zahnbürste
» Zahncreme
» Toilettenpapier
» feuchtes Toilettenpapier
» Taschentücher
» Outdoor-Seife, die man zu allem nehmen kann und in der Natur benutzen darf
» ein leichtes, dünnes Handtuch

Was ihr mit der Seife und der Zahnbürste macht, müssen wir euch hoffentlich nicht erklären. Denkt nur daran, dass ihr für diese Bedürfnisse auch Wasser dabeihabt oder die Möglichkeit im Auge behaltet, Wasser zum Zähneputzen aufzubereiten. Wenn ihr eine Winterwanderung unternehmt, könnt ihr auch Schnee nehmen, versucht dabei aber, alles zu vermeiden, was Gelb aussieht.

Und wo wir beim Thema sind: Was passiert, wenn ihr im Wald auch mal auf Toilette müsst? Wir haben dazu – wie schon erwähnt – ein wirklich populäres Video gemacht, das „Kacken im Wald" heißt. Ja, das hört sich lustig an, aber es geht doch um ein wichtiges Thema: Was tue ich, wenn ich mal muss? Auch wenn der Wald tief und dunkel ist, seid ihr doch nur Besucher und nicht Bewohner und solltet euch auch in dieser Situation entsprechend verhalten. Damit das bei euch so gut klappt wie bei uns, haben wir auch für diese Lebenslage Tipps.

HACK 33: NOTDURFT IM WALD

Sucht euch eine Stelle aus, die weit weg von einem Bach oder sonstigem Gewässer liegt. Klares, unbelastetes Wasser aus einem Bachlauf dient anderen Wanderern und euch unter Umständen als Wasserquelle. Diese Naturressourcen sollen nicht verunreinigt werden, nur weil ihr mal müsst, verstanden? Habt ihr eine Stelle gefunden, macht euch daran, ein Loch zu buddeln. Dafür könnt ihr einen Klappspaten benutzen, falls ihr einen dabeihabt. Oder ihr nehmt einfach einen Stock vom Waldboden. Habt ihr euer Loch gegraben, hockt ihr euch hin, verrichtet euer Geschäft, werft das Toilettenpapier in das Loch und buddelt alles gut zu. Wichtig ist, dass ihr keine Taschentücher nehmt, die zersetzen sich nämlich nur langsam. Meidet ebenfalls herumliegende Blätter. Nicht, dass euch ein Insekt in den Po beißt oder ihr eine allergische Reaktion provoziert. Klopapier ist schon in Ordnung und dafür gemacht, sich schnell aufzulösen, davon profitieren Klärwerk und Kiefernwald. Wenn ihr große Steine findet, legt sie auf die Stelle. So sorgt ihr dafür, dass niemand versehentlich in eure Hinterlassenschaften tritt. Danach wascht ihr euch die Hände mit Wasser und der Outdoor-Seife und/oder desinfiziert sie.

In unserem Video haben wir für ganz empfindliche Seelen gezeigt, wie sie sich einen Donnerbalken bauen können, also ein Konstrukt aus zwei Holz-Xen, auf denen ein dickerer Stamm ruht. Aber eigentlich, so meinen wir, reicht ein quer liegender Baumstamm auch. Über den könnt ihr euch mit eurem nackten Gesäß hängen, und fertig ist die WC-Situation à la fresco.

Falls ihr auch im Wald frisch rasiert sein möchtet, solltet ihr noch einen kleinen klappbaren Spiegel, einen Rasierer und Rasierseife oder Rasierschaum mitnehmen. Wir legen keinen großen Wert darauf, lassen das Zeug deswegen lieber zu Hause. Aber wir haben uns sagen lassen, dass es auch hier etwas gibt, auf das ihr achten solltet.

HACK 34: RASIEREN IN DER NATUR

Intuitiv würden wir, wenn wir einen Rasierer mitnähmen, immer zu den leichten Einwegrasierern tendieren. Tut es nicht, denn erstens produziert ihr doch wieder Müll damit und zweitens denkt mal daran, was ihr alles mitschleppt und umwuchtet. So ein ganz leichter, billiger Rasierer kann schnell zu Bruch gehen. Deswegen würden wir immer dazu raten, einen **Metallrasierer**, wie viele ihn auch zu Hause benutzen, einzupacken.

Waschen könnt ihr euch übrigens mit warmem Wasser, ihr habt ja euer Kochgeschirr dabei, und je nachdem, wie viele Töpfe euch insgesamt zur Verfügung stehen, könnt ihr Wasser in einem kleinen Topf erhitzen und in einem größeren mit kaltem Wasser mischen. Es gibt aber auch eine andere Möglichkeit. Die wirklichen Survival-Freaks unter euch können nun unseretwegen mit den Augen rollen, aber wir finden ja, dass man im Wald nicht auf Komfort verzichten muss, und betonen das auch immer wieder. Deshalb haben wir gerne unsere eigenen Kopfkissen dabei und Waschzeug, deswegen kochen wir gut und haben immer ein aufgeladenes Telefon zur Hand. Wem es wichtig ist, sich ordentlich zu waschen, den lachen wir nicht aus, sondern haben einen guten Rat.

FALTBARES WASCHBECKEN

Wenn ihr in der Nähe eines Sees oder Flusses übernachtet, also in einer wasserreichen Gegend, könnt ihr über die Anschaffung eines leichten und faltbaren Waschbeckens oder eines faltbaren Eimers nachdenken. Die gibt es ab etwa 15 Euro zu kaufen, ihr könnt darin das kalte Wasser mit ein wenig erhitztem mischen und euch ordentlich waschen. Das ist auch eine gute Idee für Campingplatzliebhaber.

Nun, da ihr quasi wieder stadtfein seid, ist es Zeit für das Abendessen. Kochen macht für uns so viel vom Bushcraften aus, essen noch mehr, und mit vollem Bauch am Lagerfeuer zu sitzen und der Natur zu lauschen, es gibt nichts Besseres! Wir haben einen Klassiker, den wir immer wieder und gerne kochen, weil sich die Zutaten einfach besorgen und herumschleppen lassen, außerdem schmeckt es fantastisch und macht richtig satt. Ihr wisst, was es ist, es ist das one and only **Chili con Carne**. Wir kochen unseres mit Mais, das ist umstritten, aber wir lieben es so. Wenn ihr keinen mögt oder euch das nicht authentisch genug ist, lasst ihn einfach weg.

HACK 35: SOUL FOOD MIT MAIS SPEZIAL

Ihr braucht für zwei hungrige Personen:

» 500 g Hackfleisch
» 2 Knoblauchzehen
» eine Dose Mais
» eine Dose Kidneybohnen
» je eine Dose geschälte und gehackte Tomaten
» Gewürze: gemahlener Kreuzkümmel, Chilipulver, Salz, Pfeffer
» Öl

Zuerst schält ihr den Knoblauch und würfelt ihn fein. Macht das Gleiche mit den Zwiebeln. Während der eine schnibbelt, kann die andere sich schon um das Feuer oder den Kocher kümmern. Gebt einen Schuss Öl in einen Topf. Fügt das Hackfleisch hinzu, und entsorgt die Verpackung direkt, sodass ihr euch keine Keime vom rohen Fleisch einfangt. Desinfiziert euch danach die Hände. Bei hochsommerlichen Temperaturen solltet ihr das Hackfleisch besser gekühlt transportieren, sicher ist sicher.

Zerstoßt das Hackfleisch mit dem Pfannenwender, lasst es anbräunen. Danach fügt ihr die Zwiebeln und den Knoblauch hinzu und lasst das alles unter Rühren weiter braten, bis die Zwiebeln glasig aussehen. Das ist der Zeitpunkt, an dem ihr die Tomaten dazukippt und einkochen lasst.

Bevor wir die Kidneybohnen und den Mais hinzufügen, würzen wir unser Chili mit Kreuzkümmel, Salz, Pfeffer und viel Chilipulver. Ein Bekannter von uns musste Jahre seines Lebens fast alles, was er aß, mit Tabasco nachwürzen, und wir haben uns sagen lassen, dass das ein weitverbreitetes Phänomen ist. Wenn es euch auch so geht, ja, dann nehmt in Herrgottsnamen eine Flasche Tabasco mit, er passt auf jeden Fall hervorragend. Wir essen unser Chili von Carne mit Brot oder Tortillachips. Ihr könnt aber auch Reis kochen oder Tortillafladen kaufen und mit einem Stock über dem Feuer anwärmen, schmeckt auch gut.

Jetzt haben wir euch dieses sehr konservendosenlastige Essen vorgestellt, das Wasser läuft euch im Munde zusammen, aber was macht ihr, wenn ihr doch weder einen Dosenöffner dabeihabt noch ein Messer, das stark genug für diese Aufgabe ist? Müsst ihr dann das Hackfleisch pur essen? Nein, müsst ihr nicht, es gibt auch Möglichkeiten, ohne einen Dosenöffner oder ein Messer eine Dose zu öffnen. Dazu braucht ihr jedoch einen größeren Stein oder felsigen Untergrund.

HACK 36: DOSEN OHNE HILFSMITTEL ÖFFNEN

Manche Dosen haben schon eine Lasche, mit deren Hilfe ihr sie einfach öffnen könnt. Dazu braucht ihr wirklich keinen Hack. Wenn die aber fehlt, dann dreht ihr die Dose auf den Kopf und schleift damit kräftig über den großen Stein oder den felsigen Untergrund. Nach einer gewissen Zeit sollte sich der Deckel der Dose auch mit den bloßen Fingern öffnen lassen, nachdem ihr kurz unter dem Rand kräftig zudrückt.

Nun habt ihr euch fertig gemacht, gegessen, hoffentlich auch wieder alles weggeräumt und gespült, es ist aber noch hell, und euer Feuer lodert so schön. Was könntet ihr nun tun? Probiert doch beispielsweise, **Steinzeitkleber** herzustellen.

HACK 37: STEINZEITKLEBER HERSTELLEN

Steinzeitkleber ist kein Hexenwerk, sondern Birkenpech. Das, was übrig bleibt, wenn ihr Birkenrinde destilliert. Es ist superpraktisch, um eure im Wald gezimmerten Konstruktionen zusammenzubauen oder abzudichten.

Für die Herstellung braucht ihr:

» ein Messer
» einen Feuerstahl oder ein Feuerzeug
» eine Blechdose, beispielsweise eine Teedose
» Stöcke
» ganz viel Birkenrinde

Zieht die Birkenrinde vom toten Baum ab, zerkleinert sie mit dem Messer, und packt so viel in eure Blechdose, bis sie etwa zu drei Vierteln gefüllt ist. Mit eurem Messer bohrt ihr ein Loch in den Deckel und setzt ihn auf die Dose. Wenn das Feuer vom Chilikochen bis zur Glut heruntergebrannt ist, setzt ihr die Dose in die noch heiße Glut, sodass sie gleichmäßig von allen Seiten (außer von oben, das ist klar) erhitzt wird. Nach zwei bis drei Minuten sollte es anfangen, aus der Dose zu qualmen. Nur Geduld, euer Birkenpech ist noch nicht fertig.

Schaut nach etwa zehn Minuten in die Dose, aber seid vorsichtig, denn sie ist sehr heiß. Seht ihr eine klebrige Masse? Sie sollte wirklich wie Pech aussehen, das ihr aus dem Märchenbuch kennt. Viel Spaß beim Kleben und Abdichten, wie es so schon in der Steinzeit getan wurde.

Wenn euch jetzt noch nicht die Augen zufallen, nach so einem langen Tag in der Natur, könnt ihr die Zeit nutzen, um eure Knotentechnik zu verbessern. Je mehr und je häufiger ihr die Knoten ausprobiert, desto schneller werden sie euch gelingen, und desto sicherer sind sie. Oder ihr könntet die Zeit nutzen, um aus den Resten eurer Tassenschnitzaktion Zundermaterial zu basteln, das ihr in euren Zunderbeutel packt. Es gibt so viel zu tun, dass ein Tag im Wald oft gar nicht reicht. Wie ihr euch auf längere oder regelmäßigere Touren in den Wald vorbereitet und was ihr dort treiben könnt, verraten wir euch im nächsten Kapitel.

SURVIVAL PRO – IMMER WIEDER IN DEN WALD

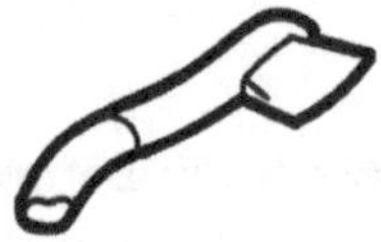

In die Natur zu gehen, ist immer schön. Richtige Aufregung und ein großes Abenteuer warten selbstverständlich überall dort auf euch, wo ihr noch nie wart, wo es verlassen ist und verwunschen. Im finsteren Wald in Finnland oder in den Rocky Mountains beispielsweise. Doch auch in Deutschland, Tschechien, der Schweiz und Österreich gibt es mehr Gebiete, in denen ihr euch verlaufen könntet als gedacht. Nicht umsonst hören wir alle paar Jahre Meldungen von Wanderern, die im dichten Wald verloren gegangen sind. Doch auch das Gegenteil ist schön, wenn ihr eine Stelle im Wald habt, die ihr immer wieder aufsucht und die euch vertraut wird. Wir erleben das ganz krass, seitdem wir unser Camp im eigenen Wald besitzen. Hier sehen wir den gleichen Baum in fast jeder Woche im Jahr und wundern uns, wie anders die Landschaft im Laufe der Monate aussehen kann. Fast ist es so, als seien die ganzen Arbeiten in unserem Camp wenig Veränderung im Vergleich zu dem, was die Natur so hinlegt.

Falls ihr eine Stelle habt, an die ihr immer wieder zurückkehren dürft und könnt, raten wir euch dazu, euch handwerklich noch weiter zu verwirklichen. Deswegen liefern wir euch ein paar Hacks zum richtigen Bauen und Hinweise zum Werkzeug.

WERKZEUGE FÜR PROFIS

Ihr braucht, wenn ihr ernsthaft bauen möchtet:

» Arbeitshandschuhe
» eine Axt
» eine klappbare Säge
» einen Klappspaten
» Messer
» Holz
» Kordel

Über Messer hatten wir uns ja bereits wortreich ausgelassen, und bei Arbeitshandschuhen kann man so viel nicht verkehrt machen, sodass wir gleich zum Punkt **Axt** springen möchten.

Im Alltag benutzen wir die Begriffe Axt und Beil häufig als Synonyme. Ganz simpel können wir die Unterscheidung an der Größe festmachen, ein Beil ist kleiner, eine Axt größer. Wir sind eher Anhänger der Axt, weil wir sie vielseitiger finden. Das ist wie mit einem Küchenmesser: Mit dem großen könnt ihr alle möglichen Dinge hacken und schneiden, mit dem kleinen eher kleine Ausbesserungsarbeiten ausführen, wie eine grobe Form für ein Schnitzprojekt erstellen.

Eine Axt habt ihr sicher vor Augen, sie besteht aus einem Stiel und einem Keil, der oben am Stiel (ein anderes Wort dafür ist Schaft) sitzt. Die allermeisten Äxte haben einen hölzernen Griff und einen Metallkeil, einige Äxte sind auch ganz aus Metall gefertigt oder haben einen Kunststoffgriff. Für euch sehen wir vor allem die Holz-Metall-Kombination, denn ihr möchtet ein bisschen Bushcraften, keine hohen Bäume im Urwald von Kanada abholzen. Hoffen wir zumindest.

DIE RICHTIGE AXT FINDEN

Es herrscht wirklich kein Mangel an Äxten auf dem Markt, wir aber finden die Hultafors Premium Waldaxt ABY für etwa 150 Euro einfach ansehnlich, sie liegt gut in der Hand und tut, was sie soll. Gerrit hatte sich vor ein paar Jahren eine Miniaxt mit kurzem Griff gekauft, weil er sie so hübsch fand. Sie war auch hübsch, aber sonst der kleine Handgelenktod auf Raten. Jeder Schlag ging sofort auf die Knochen, und besonders praktisch war sie auch nicht.

Deswegen: Achtet bei der Axt auf einen etwas längeren Griff, sonst werdet ihr nicht glücklich.

Vielleicht habt ihr wie wir früher Bücher von Trappern gelesen, die durch Alaska zogen. Mensch, waren die rough. Sie bekämpften Bären, badeten im Eis und bauten sich Blockhütten, in denen sie den ganzen Winter lang von Dörrfleisch und getrockneten Beeren lebten. Vielleicht hat uns die Lektüre ein bisschen versaut, wenn es um das Thema Sägen geht, weil wir bei dem Stichwort immer ein riesiges Metallteil vor Augen hatten, das am besten zu zweit bedient wird. Doch auch wir haben dazugelernt. Moderne Sägen fürs Bushcraften sind handlich, klappbar und bunt.

DIE RICHTIGE SÄGE FINDEN

Bei Sägen muss es für uns fast immer eine Klappsäge von der japanischen Firma Silky sein. Die fassen sich gut an, sind zuverlässig und scharf. Wir mögen die Silky Gomboy (ab etwa 47 Euro) und sägen damit auf Touren kräftig rum. Es gibt davon jetzt auch eine Outback-Edition, bei der das Sägeblatt schwarz und der Griff etwas rustikaler ist. Der Kracher!

UNTERSCHÄTZT – DER KLAPPSPATEN

Wenn ihr nur rausgeht, weil ihr gerne wandert oder euch vorgenommen habt, eine Tasse zu schnitzen, finden wir das wunderbar. Wenn ihr so kleine Baumeister seid wie wir, werdet ihr früher oder später die Vorzüge des Klappspatens feiern, weil er euch das Leben so viel einfacher macht.

Erstens: beim Vorbereiten des Untergrunds. Mit einem Klappspaten könnt ihr Dinge ausgraben, umgraben und aufschütten. Klar, das Ding bringt wieder Gewicht auf die Waage, aber wenn ihr zu zweit seid, könnt ihr euch aufteilen, wer was trägt. Wir machen das gerne so. Hin und wieder kommt schon der Ehrgeiz bei uns durch, dass wir uns gegenseitig die Tauglichkeit des Gears demonstrieren möchten. Das hält aber zum Glück nie lange an. Zurück zum Klappspaten: Mit dem könnt ihr auch Gestrüpp weghacken, das euch beim Bau des ultimativen Shelters oder des meditativen Hochbeets im Wege steht.

Aber was ist das überhaupt, ein Klappspaten? Genau das, was ihr euch darunter vorstellt, ein Spaten, den ihr ein- und ausklappen könnt. Meistens besteht er aus einer Stange, einem klappbaren Schaufelblatt und einem klappbaren Griff. Wenn ihr ihn nicht braucht, liegt er schön kompakt in eurem Rucksack. Sehr praktisch.

Es gibt wirklich abgefahrene Klappspaten, die sehen schon weniger wie ein Gartengerät aus, sondern eher wie Ritterzubehör. Wie Lanzen, mit denen man den Gegner vom Pferd holen kann. Aber ehrlich, brauchen wir das? Als friedliche Naturensöhne? Nö, ganz bestimmt nicht. Wir haben keinen Bedarf für eine Lanze, sondern sind auf der Suche nach einem Hilfsmittel, mit dem wir eine Grube ausheben können. Es gibt kleine und große Klappspaten, wir stellen euch zwei vor, die wir persönlich gut finden.

EINEN KLAPPSPATEN KAUFEN

Zuerst ist da der Semtec Urban Survival Technology aus Karbonstahl. Großer Name für einen kleinen Spaten, oder? Wir haben ihn in einem Video getestet und waren zuerst echt skeptisch. So ein kleines, leichtes Dingelchen konnte nichts taugen. Und beim ersten Reinhacken bestätigte sich dieser Eindruck für uns auch eher, als dass wir völlig euphorisch gewesen wären. Aber dann fanden wir, dass der Spaten einen guten Job beim Hacken machte. Durch das gezackte Schaufelblatt konnten wir ihn sogar als Sägenersatz benutzen. Not bad, finden wir. Nicht das schlagkräftigste Gerät, aber der Semtec ist leicht, passt also gut in einen Rucksack und kostet nicht die Welt. Für etwa acht Euro ist dieses Leichtgewicht (650 Gramm) eures.

In der etwas höheren Gewichtklasse gibt es den Bundeswehrklappspaten. Wenn ihr einen echten gebraucht bekommt, super, das ist, was wir euch empfehlen würden. Der ist robust, verlässlich und preiswert, und ihr solltet für ihn in gutem Zustand nicht mehr als 25 Euro bezahlen. Falls ihr keinen findet, könnt ihr euch auch mit einem Nachbau zufriedengeben. Das Gute an diesem Werkzeug ist, dass der Griff und die Stange aus Aluminium bestehen und deswegen nicht so schwer sind wie die Stahlschaufel, aber dennoch gut greifbar und nicht in Gefahr, sofort wegzubrechen.

So ausgerüstet, solltet ihr euch direkt an die Arbeit machen.

BAUEN

Das hier ist zugegeben vielleicht eher etwas für Leute, die einen festen Platz haben, an dem sie etwas bauen dürfen. Wie lange haben wir davon geträumt, dann danach gesucht und feiern jetzt eigentlich jedes Mal, dass wir mit unserem Stück Wald so ein Glück haben. Viel von dem, was wir euch auf unserem Kanal zeigen, wäre überhaupt gar nicht möglich ohne unseren Spot in der Pampa. Erinnert ihr euch noch an die Zerstörung unseres ersten Camps? Mann, war das deprimierend, wir hatten so viel gebaut, und irgendwelche Honks haben das an einem Wochenende, so glauben wir, total geschrottet. Das Schlimmste daran – oder sagen wir das Niederschmetterndste – war, dass die Idioten alles liegen gelassen haben. Die ganze Zeit, die wir für Spaß und Freude verbucht hatten, mussten wir dann aufwenden, um den Wald wieder in seinen Ursprungszustand zu versetzen. Denn so einen Schrotthaufen möchten wir im Wald weder vorfinden noch stehen lassen. Also schleppten wir alles Holz zurück ins Unterholz, verteilten die Steine von der Feuerstelle, bedeckten alles mit Laub, sodass alles unberührt aussah. Wie traurig und wie gut, dass wir jetzt unseren geschützten Bereich haben. Falls ihr einen Garten habt oder auch ein Waldstück oder eins, bei dem ihr die Genehmigung des Försters habt, könnten die folgenden Projekte etwas für euch sein. Zunächst machen wir euch mit ein paar Techniken vertraut, dann geht es an die Arbeit.

HACK 38: BATONING – SO GEHT'S

Das Batonen ist eine Art, Holz mit einem Messer zu spalten, wenn keine Axt in Reichweite ist. Dafür braucht ihr Holz, klar, und ein stabiles Messer, am besten ein Full Tang. Dann nehmt ihr das Stück Holz, das ihr spalten möchtet, stellt es aufrecht hin und stellt das Messer mit der Klinge nach unten auf. Die Spitze überragt dabei das Holz. Nun klopft ihr kontinuierlich mit einem Hammer oder einen großen Stein auf die Messerspitze, sodass sie sich nach unten durchs Holz arbeitet. Ihr habt das bei uns sicher schon 108 Mal gesehen (QR-Code dazu auf S. 201). Es sieht einfach aus, ist es wirklich, wenn ihr nur ein paar Dinge beachtet. Das Stück Holz sollte stabil stehen, und ihr solltet immer wieder das Messer kontrollieren. Nicht, dass es sich auflöst und ihr statt eines Holzscheites eine Verletzung davontragt.

Auch beim Sägen gibt es Dinge, auf die ihr achten solltet. Wichtig: Wir geben euch Tipps, wie ihr Äste und Baumstämme zersägen könnt. Wenn ihr zu Hause arbeitet und andere Materialien im Spiel sind, ist das ein ganz anderer Schnack.

HACK 39: SÄGEN, ABER RICHTIG

Zunächst klappt ihr das Sägeblatt aus und fixiert es. Das geht schnell, ist aber auch schnell vergessen, deswegen vergewissert euch, dass ihr oder die Person, die euch die Säge reicht, es getan hat.

Bei größeren, dickeren Stämmen, die am Boden liegen, könnt ihr den Baum mit eurem Fuß fixieren. Wir finden es aber immer sicherer, wenn wir uns hinknien, den Baum mit der einen Hand festhalten und mit der anderen die Säge führen. Lasst zwei Handbreit Abstand zwischen der Säge und der Hand, noch besser ist, wenn ihr Arbeitshandschuhe tragt. Wichtig ist, dass ihr keinen großen Druck ausübt, die scharfen Zacken sollten von selbst durch das Holz gleiten. Nutzt beim Sägen die volle Länge des Sägeblatts aus, das spart Kraft. Per Hand zu sägen, ist sowieso ein krasses Work-out. Wenn ihr gesägt habt, was ihr sägen wolltet, klappt die Säge wieder ein.

Sägen ist die eine Sache, da habt ihr die Kontrolle darüber, was passiert. Wenn ihr mit der Axt arbeitet, kann das schneller mal ins Auge gehen.

HACK 40: SICHER MIT DER AXT ARBEITEN

Hier kommt es darauf an, was ihr überhaupt mit der Axt machen möchtet. Nehmen wir an, ihr möchtet einen Holzscheit spalten. Das habt ihr sicher schon tausend Mal im Fernsehen bewundert.

Der gut gebaute Held der Geschichte, vielleicht spielt sie in der Prärie zur Zeit der Siedler, vielleicht auch heute in den Voralpen, schwingt die Axt, selbstverständlich mit freiem Oberkörper, damit man jeden Muskel sieht. Wo steht in all diesen Märchenfilmen das Holzscheit? Auf einem anderen Holzblock oder einem Baumstamm. Nehmt euch daran ein Beispiel und versucht, euer Holz so abzustellen, dass die Oberkante ungefähr auf Hüfthöhe steht. Einfacher wird die Arbeit, wenn ihr das Holz parallel zur Faser spaltet. Wenn ihr meint, ihr könntet mit den Händen abrutschen, zieht euch lieber Arbeitshandschuhe an. Das Letzte, was ihr euch wünscht, ist eine Axt, die wegrutscht oder -fliegt. Auch mit Arbeitshandschuhen solltet ihr alles verscheuchen, was eure Mühen aus der Nähe betrachten möchte. Bittet jeden oder jede, ein wenig zurückzutreten.

Beginnt mit der Arbeit, indem ihr die Axt hoch schwingt, idealerweise über Kopfhöhe, und lasst sie dann mit der Klinge nach unten auf euer Scheit fallen. Bei einem kleinen Holzscheit reicht das vielleicht schon, bei einem größeren hebt ihr das Scheit mit der Axt an und schlagt es auf den Block.

Wiederholt das Prozedere so lange, bis das Holzscheit durch ist. Noch sicherer wird es, wenn ihr eine Schutzbrille tragt, dann können euch keine Splitter ins Auge fliegen. Seid ihr mit der Axt fertig, steckt sie wieder in ihre Hülle. Okay? Nicht, dass jemand reingreift oder drauftritt.

Wenn ihr anfangt, richtig krasse Sachen zu bauen, bleibt es nicht bei Axt und Säge. Hundertpro werdet ihr dann noch dieses Tool sehen und jenes, ein paar Fehlkäufe machen, die wieder verkaufen, oder im Keller vermodern lassen. Es macht süchtig, zu bauen. Wir kommen dabei ins Schwitzen, werden von Mücken zerstochen und sehen unsere Familien nicht. Aber wenn wir dann vor dem fertigen Grubenhaus oder der Erdsauna stehen, sind wir so stolz auf uns. Hin und wieder braucht jeder Mensch, dass das Ergebnis der ganzen Abrackerei für alle sichtbar ist. Oder?

Obwohl wir euch gezeigt haben, wie ihr eure Sägen und Äxte einsetzen könnt, möchten wir euch zunächst ein Projekt vorschlagen, das weder das eine noch das andere braucht, das kommt danach. Versprochen. Erst möchten wir mit euch einen Ofen bauen, und während dort euer Brot backt, könnt ihr euch an die vielen anderen geilen Bauprojekte machen. Wir haben für unser Lager einen richtig fetten Lehmofen gebaut, denn wir hatten Zeit, Bock, viele Steine und Muskelkraft. Grämt euch nicht, wenn euer Ofen wesentlich kleiner wird.

HACK 41: OFEN BAUEN? KEIN DING!

Um mit dem Ofenbau anzufangen, müsst ihr erst den Untergrund vorbereiten. Dazu sammelt ihr so viele Steine ein, wie in eure Schürze passen. Okay, war ein Witz. Ihr sammelt so viele Steine, wie ihr tragen könnt, und haltet Ausschau nach einer großen Steinplatte. Im Zweifel müsst ihr ein paar Schritte mehr gehen, bis ihr das passende Steinchen findet. Wenn ihr eure Steinplatte jedoch gefunden habt, lockert den Boden auf, und entfernt das, was ihr an Wurzelwerk findet. Nehmt die Steinplatte als Maß dafür. Auf dem aufgelockerten Boden legt ihr große, schwere Steine wie ein Mosaik aus. Mischt nun in einem Erdloch aus viel Erde und Wasser Lehm an. Wenn der zu matschig bleibt, mischt noch ein bisschen Gras oder Stroh hinein, bis das Ganze eine schöne patschige Konsistenz hat. Mit dem Lehm stopft ihr die Lücken zwischen den Steinen aus, bis die Grundfläche wieder eben ist.

Rahmt nun drei Viertel des Randes dieser Fläche wieder mit Lehm ein, und stapelt eure Steine so weit auf, dass ihr euch vorstellen könnt, dass genug Holz drunterpasst, um euer Bauwerk anzuheizen. Etwa 20 Zentimeter, würden wir sagen. Darauf legt ihr eure Steinplatte, aber so, dass hinten zwischen Wand und Stein eine mindestens handgroße Lücke ist, durch die heiße Luft ziehen kann. Die Brennkammer steht nun bereits. Dann baut ihr links und rechts von der Fläche jeweils eine kleine Mauer aus den Fundsteinen auf. Wobei der Ausdruck „Mauer" ein wenig auf die falsche Fährte lockt. Baut einfach links und rechts etwas hoch, das stabil ist und euch nicht zusammenkracht. Benutzt den Lehm als Spachtelmasse, um alles in Form zu halten. Darüber legt ihr eine Steinplatte auf die linke Seite und eine auf die rechte. Lasst in der Mitte einen Spalt, sodass die Hitze hochziehen kann, das ist wichtig! Oder, falls ihr das Glück hattet, eine größere zu finden, setzt sie hier ein, aber wieder so, dass hinten eine Lücke entsteht, durch die die Luft ziehen kann (QR-Code zum Video auf S. 201).

Fertig ist eure Backkammer! Wahrscheinlich müsst ihr hin und her probieren, welcher Stein am besten für den Ofenbau geeignet ist. Grundsätzlich hat man dort, wo es Schiefer gibt, mehr Glück als in einem Schotterbett. Aber meistens befindet man sich ja irgendwo dazwischen.

Steht der Ofen, entzündet ihr mit eurer Funkenquelle und dem Zunderbeutel ein Feuer, und wenn der Ofen schön heiß ist, könnt ihr endlich backen. Für einen Kuchen wird der Ofen wohl nicht funktionieren, aber ein Brot oder Ofengemüse wird damit schon richtig geil. Besser ist noch die Kombination, erst ein Brot zu backen und die Resthitze für das Ofengemüse oder einen Auflauf zu nutzen. Noch ein Tipp: Wenn ihr etwas backen möchtet, das richtig viel Hitze erfordert, dann könnt ihr das Feuer nicht nur in der Brenn-, sondern auch in der Backkammer entzünden. Lasst es dort einmal einheizen, fegt die Backkammer aus, und schiebt euer Zeug hinein, während unten weiter das Feuer lodert.

Wir haben euch den Ofen gegeben, da möchten wir euch auch das Brot geben. Besser gesagt: das Rezept.

HACK 42: BROT BACKEN

Für Brot braucht es Zeit, aber die ist im Wald ja zum Glück reichlich vorhanden. Wenn ihr wollt, könnt ihr den Teig auch schon zu Hause vorbereiten und den Rohling mit in die Natur tragen.

Was ihr braucht:

» eine Packung Trockenhefe
» 500 g Mehl
» 300 ml Wasser
» Salz
» eine Prise Zucker

Zunächst müsst ihr die Hefe mit ein paar Teelöffeln Wasser und dem Zucker mischen, um sie aufzuwecken, wie es genannt wird. Lasst sie etwa zehn Minuten stehen. Dann mischt ihr sie mit dem Mehl und dem Wasser. Wenn ihr ganz furchtbar pfiffig seid, füllt ihr zu Hause eine Flasche mit genau 300 Milliliter auf, dann müsst ihr nicht unter widrigen Umständen Wasser abmessen. Das Gleiche könntet ihr auch mit dem Mehl machen, denn wer will schon eine Küchenwaage mit sich herumschleppen? Walkt den entstandenen Teig kräftig mit den Händen durch. Lasst ihr danach etwa eine Stunde gehen, am besten an einem warmen Ort, vielleicht in der Nähe des Ofens, den ihr bereits anfeuert.

Nach einer Stunde knetet ihr den Teig noch einmal kräftig durch. Arbeitet das Salz hinein, und lasst euren neu entstandenen Klops noch einmal zehn Minuten gehen, bevor ihr ihn in den Ofen schiebt. Nach etwa 40 Minuten sollte das Brot fertig sein.

Wenn euch die Wärme des Ofens oder eines Lagerfeuers noch nicht genügt und ihr es gerne noch behaglicher hättet, könnt ihr euch in der Zeit, in der das Brot backt, eine Reflektorwand bauen. Das ist eine provisorische Holzwand, an der die Wärme vom Lagerfeuer abstrahlt.

HACK 43: REFLEKTORWAND BAUEN

Für eine Reflektorwand braucht ihr vier Stützpfeiler und jede Menge Holzlatten oder -stangen. Bevor ihr also baut, müsst ihr erst auf die Suche nach geeignetem Holz gehen. Haltet nach Totholz Ausschau, das etwa armdick ist, aber noch nicht zu morsch. Wenn ihr das gefunden habt, nehmt euch die geradesten Hölzer, und sägt sie in etwa anderthalb Meter lange Stücke. Wenn ihr genauso viele habt, wie ihr zu zweit mit einem Gang zur geplanten Feuerstelle tragen könnt, ist es genau richtig.

Nehmt nun die Holzstücke, die eure Stützpfeiler werden, spitzt sie mit eurer Axt an, und rammt sie paarweise so in den Boden, dass ihr das andere Holz dazwischen einklemmen könnt. Vielleicht müsst ihr noch hier und da eine kleine Verästelung absägen, damit es passt. Wenn ihr eine Kordel dabeihabt, dann bindet die gegenüberliegenden Stützpfeiler am Ende jeweils zusammen, sodass euer Gebilde besser hält. Wenn ihr nun ein Feuer vor der Reflektorwand anzündet, wird die Wärme auf der Seite nicht einfach in den Wald entweichen, sondern wunderbar zu euch zurückgeworfen werden.

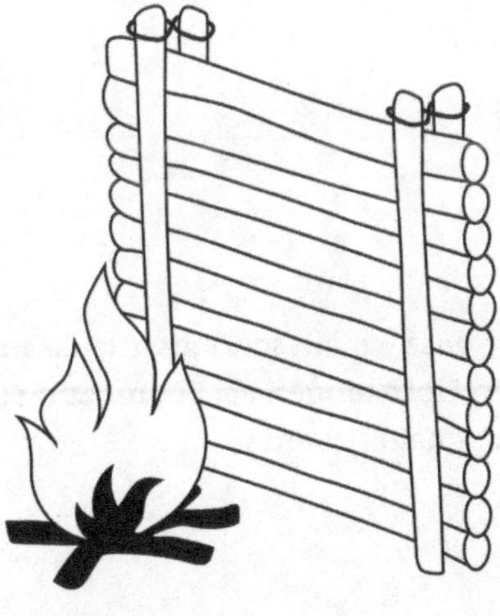

SO BLEIBT'S RICHTIG WARM!

Ein ebenfalls anspruchsvolles Bauprojekt, das sich aber lohnen kann, ist das Anlegen eines Hochbeets. Klar, das stellt ihr nicht einfach in den Wald, sondern dorthin, wo ihr euch auch darum kümmern könnt. Einen Besuch im Gartencenter werdet ihr nicht vermeiden können, denn dort müsst ihr euch mit Kräutern eindecken, die ihr ins Hochbeet pflanzen könnt.

HACK 44: VORBEREITUNG FÜRS HOCHBEET

Wie bei allen Dingen ist die Vorbereitung auch beim Hochbeet immens wichtig. Zunächst macht euch Gedanken über den Platz und das Equipment.

Für ein ordentliches Waldcamp-Hochbeet braucht ihr:

» Kräuter für die Bepflanzung
» armdicke Holzpfeiler für die Begrenzung, etwa 1,5 m lang
» eine Axt, um das Holz zu bearbeiten
» eine Säge
» einen sehr großen Hammer oder anderes Gewicht zum Einschlagen
» Kordel
» Wühlmausgitter
» Krampen oder Tacker
» Sand
» Muttererde
» Arbeitshandschuhe

Grob gesagt ist der Plan, dass wir ein schönes, rustikales Modell bauen, mit horizontalen Holzstangen als Begrenzung, die von vertikalen Holzpfeilern gehalten werden.

HACK 45: HOCHBEET BAUEN

Nachdem ihr euch einen Platz ausgesucht habt, wo ihr das Hochbeet hinstellen möchtet, und euch überlegt habt, wie groß es werden soll, müsst ihr ihn von vorhandenen Pflanzen und ihren Wurzeln befreien. Wenn ihr euer erstes Hochbeet baut, werdet nicht größenwahnsinnig, sondern haltet euch an eine kleinere Fläche, beispielsweise 60 mal 120 Zentimeter.

Harkt die Fläche sauber, schnappt euch vier Pfeiler, und spitzt sie an unteren Ende mit der Axt an. Nun rammt ihr sie so in den Boden, dass sie ein Rechteck ergeben. Wahrscheinlich müsst ihr einen großen Hammer zu Hilfe nehmen. Denkt nicht, dass ihr das einfach mit den anderen Pflöcken ausprobieren könnt, das haben wir vor Jahren nämlich auch einmal gedacht, und Mann, waren wir genervt von der Plackerei. Es hätte uns fast den ganzen Bau verdorben!

Neben diesen vier Pfeilern schlagt ihr nun weitere vier ein. Aber nicht einfach irgendwo, sondern so, dass sie an den Längsseiten die Holzstangen horizontal halten, also in etwa 20 Zentimeter Entfernung von den anderen. Legt die Holzstangen längs zwischen die Pfeiler, bis das Bauwerk eine für euch angenehme Höhe erreicht.

Versucht, eine Seite bündig zu bekommen, sodass ihr die Holzstangen nur noch an der anderen Seite passgenau absägen müsst. Es hilft, wenn ihr zwischendurch die senkrechten Stangen mit einer Kordel zusammenbindet. Vor allem zum Abschluss solltet ihr das Ganze noch einmal mächtig festschnüren. Danach kappt ihr die überstehenden Pflöcke mit der Säge auf eine Höhe.

Nachdem ihr das auf den beiden Längsseiten getan habt, müsst ihr euch den kurzen Seiten widmen. Dazu nehmt ihr eine weitere Holzstange und legt sie so auf den Boden, dass sie vor den Abschlüssen der Längsseiten liegt. Es sollte sich von oben gesehen also ein U ergeben. Da ihr nun wisst, wo die Wand verlaufen soll, schlagt ihr nahe den Enden zwei weitere Holzpflöcke ein, die diese Holzstange halten. Legt wieder mehrere Holzstangen horizontal zwischen die Pflöcke, sodass die Wand hält, befestigt das ganze Gebilde mit Kordeln, und sägt alles auf Höhe und Länge ab. Wenn ihr das auf der anderen Seite wiederholt, habt ihr nun einen schönen, stabilen und rustikalen Kasten erstellt, an dessen Ecken jeweils drei Pflöcke stehen. Verschnürt diese mit Kordel mehrfach miteinander, und seid dabei nicht zu geizig. Fertig ist die Basis für euer Bushcraft-Hochbeet! Falls ihr den Begriff Bushcraft nicht so eng seht und das Beet in den Garten baut, empfehlen wir euch noch, den Boden mit einem engmaschigen Gitter zu versehen. Das solltet ihr mit einem kräftigen Tacker oder Krampen an den unteren Holzstangen befestigen. Gegen ein Wildschwein, das euer Beet von oben durchwühlt, könnt ihr wenig tun. Aber gegen Wühlmäuse, die euer neues Glanzprojekt von unten angehen, schützt euch der Draht schon.

HACK 46: HOCHBEET BEFÜLLEN

Wie gut, dass ihr so passioniert an den Holzstangen herumgesägt habt, denn nun habt ihr mit den Resten schon ordentlich Füllmaterial erarbeitet. Spaltet die abgesägten Enden der Holzpflöcke, und werft das Zeug in euren Hochbeetkasten hinein.

Darüber füllt ihr noch so viel Laub, wie es braucht, um den Kasten fast bis oben hin zu füllen. Aber nur fast, denn darauf schippt ihr nun Sand, der die erste Schicht beschwert. Auf diesen Sand füllt ihr dann die Muttererde, die ihr vorher gekauft habt.

Ist diese gut verteilt, könnt ihr nun eure Kräuter einpflanzen. Wirklich gut halten sich die aus dem Gartencenter. Das Basilikum und seine Freunde aus dem Supermarkt sind eher für den raschen Verbrauch in der Küche gedacht und nicht als langlebige Nutzpflanzen.

Wenn ihr das Hochbeet gebaut habt, dann juckt es euch sicher in den Fingern, das nächste Projekt anzugehen. Wie wäre es mit einer weiteren Kochstelle? Diesmal etwas ganz einfaches für zwischendurch.

HACK 47: TOPFAUFHÄNGUNG BASTELN

Falls ihr die Kräuter oder das Gemüse aus eurem Hochbeet über einem Lagerfeuer verkochen möchtet, aber weder einen Pfannenknecht noch einen Hobo-Kocher dabeihabt, könnt ihr zwei Dinge tun: Entweder ihr stellt den Topf ins Feuer, dann wird es leider mit dem Umrühren schwierig, oder ihr baut fix eine Topfaufhängung. Sucht dazu einen Ast, der stabil aussieht und eine kräftige Gabelung vorzuweisen hat. Sägt den Ast etwa einen halben Meter unter der Gabel ab, spitzt ihn mit der Axt an, und rammt ihr mit Wumms in den Boden. Sucht nun einen anderen langen Ast und legt ihn in die Gabel hinein. Das Ende des Asts sollte über die Gabel hinausragen. So weit, dass ihr über der Feuerstelle einen Topf aufhängen könnt. Legt noch einen großen Stein auf das untere Ende des schrägen Astes. Nicht, dass euch der Topf mit Nudelwasser und allem in das Feuer fällt.

Wenn ihr euren Topf aufhängen könnt, seid ihr bald schon satt und zufrieden. Und was macht man, wenn man satt und zufrieden ist? Pofen! Dafür habt ihr meistens eure Hängematte. Aber wenn ihr nun schon wahre Naturensöhne oder Naturentöchter seid, könntet ihr es mit einem Trapperbett probieren. So ein Bett ist schon eine richtige Hausnummer und erfordert Durchhaltevermögen und das entsprechende Werkzeug. Dafür schützt es euch gegen Nässe von unten und gibt eurem Kopf das wichtige Signal: „Hier ist dein Schlafplatz!"

In unserem Camp haben wir nicht nur Trapperbetten gebaut, sondern sogar ein Doppelstocktrapperbett, bei dem der eine oben schläft, der andere eine Etage tiefer. Darauf waren wir so stolz wie auf unsere erste Hütte, aber wir schlagen vor, dass ihr mit einem einfachen Bett anfangt. Nicht, dass wir hier etwas falsch erklären und euer Kumpel nachts durch die Balken kracht. Oder wir es richtig erklären, ihr es aber falsch macht. Auch ein einfaches Trapperbett zu bauen, ist anstrengend und aufregend genug. Wie immer, möchten wir darauf hinweisen, dass ihr für so etwas die Genehmigung des Waldbesitzers braucht! Seid ihr mit dem Bett durch und möchtet nie wieder dort liegen, tut uns einen Gefallen, und baut es wieder ab. Entsorgt das Holz an verschiedenen Stellen, und falls ihr eine Feuerstelle gebaut habt, verteilt die Steine. Wenn ihr uns nur eine Sache nachmachen möchtet, dann das!

Wir können es nur immer wieder sagen: Wir sind Gäste im Wald, wenn wir dort etwas hinstellen, dann bauen wir es auch wieder ab, wenn wir es nicht mehr brauchen. Nur so bleibt der Wald schön anzusehen. Lasst euch von dieser Ermahnung nicht die Lust rauben, wir haben es bislang immer geschafft, und ihr wisst, was für irre Projekte wir in die Landschaft gestellt haben.

HACK 48: EINS A-TRAPPERBETT BAUEN

Sucht euch eine Stelle aus, an der ihr ein wenig Platz habt und in deren Umkreis ihr genug stabiles Totholz findet. Den Nerv, dauernd weite Strecken hin und her zu laufen, möchtet ihr euch nämlich nicht antun, auch wenn ihr danach noch besser schlafen würdet.

Befreit eure Stelle, die mindestens zweieinhalb Meter mal zweieinhalb Meter groß sein sollte, von Ästen und Laub, sodass ihr eine cleane, freie Fläche seht. Sucht nun einen langen, toten Baumstamm mit etwa 25 Zentimetern Durchmesser. Sägt zwei etwa ein Meter breite Teile heraus. Schlagt kleine Äste und was sonst noch stört ab, sodass ein sauberer Stamm übrig bleibt.

Buddelt eine kleine Kuhle für den ersten Stamm aus. Die muss nicht tief sein, ihr müsst den Stamm nur so hineinlegen können, dass er euch nicht davonrollt.

Nun sucht ihr in Wald nach dünnerem Totholz, beispielsweise Haselnussruten. Daraus sägt ihr 16 etwa 40 Zentimeter lange Stücke heraus, spitzt sie an einer Seite mit einem Messer an und haut vier davon fest um den dicken Stamm herum, idealerweise im Rechteck, zwei an jeder Seite. Der Stamm sollte nun noch fest an seiner Position sitzen und noch weniger davonrollen können. Macht nun zwei große Schritte, und legt den zweiten Holzstamm in etwa zwei Metern Entfernung parallel zum ersten auf den Waldboden. Nehmt ihn dann wieder weg, buddelt dort eine flache Kuhle, und wiederholt das Prozedere vom ersten Stamm.

Nun macht euch auf die Suche nach möglichst langen Stangen, die etwa einen Durchmesser von zehn bis 15 Zentimetern haben. Sägt sie so zurecht, dass sie ihr sie auf die dicken Holzstämme legen könnt. Das wäre dann eure Liegefläche. Haut bei ihnen auch das Geäst weg, damit euch nichts im Schlaf in den Rücken bohrt. Nehmt jetzt die verbleibenden acht Holzpflöcke, und schlagt sie seitlich neben die Liegefläche, sodass euch die schmalen Stämme der Liegefläche nicht wegrollen können. Eventuell müsst ihr die Pflöcke mit der Säge noch einmal auf eine Länge sägen, damit ihr euch nachts im Dunkeln nicht damit aufspießt. Tretet einen Schritt zurück, und bewundert euer Werk. Wer braucht ein Bett im Kornfeld, wenn es so ein schickes im Wald sein könnte?

Auf das fertige Bett könnt ihr euren Rucksack stellen, die Campingleuchte, und selbstverständlich breitet ihr Isomatte und Schlafsack darauf aus. Wir raten dazu, hier eher zur Therm-A-Rest Z lite zu greifen als zu einer aufblasbaren. Diese ist unempfindlicher, und bleibt sie an einem Splitter oder Astloch hängen, verliert sie keine Luft. Wäre doch sehr nervig, wenn ihr zwar ein Bett habt, aber nicht schlafen könnt, weil ihr die Isomatte flicken müsst.

Wenn ihr einen Schlafplatz habt, ist es nur natürlich, den umbauen zu wollen. Wir geben euch eine Anleitung, wie ihr eine kleine provisorische Hütte in den Wald stellen könnt. Je nachdem, wie oft ihr an der gleichen Stelle seid und ob andere Menschen auch Zugang zu eurem Waldstück haben, könnt ihr sie nach und nach ausbauen.

HACK 49: UNSICHTBARE HÜTTE IM WALD

Für ein einfaches Shelter im Wald braucht ihr einen langen, langen Baumstamm, den ihr an einen lebenden, gerade in den Himmel wachsenden Baum lehnen könnt. Etwa im 30-Grad-Winkel, wenn das geht. Sucht euch eine Astgabel, in die ihr den langen, langen Ast legen könnt, damit er stabil und an einer Stelle bleibt. Er ist sozusagen der Dachfirst eurer Hütte und trägt den Rest der Konstruktion.

Nachdem ihr ihn platziert habt und sicher seid, dass er hält, macht ihr euch auf die Suche nach kleineren Ästen, die ihr links und rechts an den First legen könnt. Aber nicht zu steil, denn sonst wird die Hütte zu klein, und es gibt ein weiteres Problem, auf das wir später zurückkommen werden. Knallt jetzt nicht im Eifer des Gefechts alles zu, sonst habt ihr eine prima Hütte, die ihr aber nicht betreten könnt. Wir raten euch, den Eingang nahe des Baums einzuplanen, dann könnt ihr noch halbwegs aufrecht hineinschlüpfen. Lasst diese Lücke also offen.

Den Rest deckt ihr, so gut es geht, mit Ästen ab. Falls ihr welche mit Laub oder Nadeln findet, ist das natürlich super. Wenn ihr die Wände nicht zu steil verbaut habt, könnt ihr noch Laub über eure Hütte werfen, sodass sie sich fast unsichtbar in den Wald einfügt.

Kommen wir nun zur allergrößten Herausforderung. Wir haben es im Buchtitel versprochen, und so sollt ihr es auch bekommen: das **Blockhaus**. Macht euch nichts vor, das ist ein superzeitaufwendiges Vorhaben, das ungemeine Kraft, Ausdauer, Geschick und vor allem eine Baugenehmigung vom Amt erfordert. Grummel, grummel. Wir warten noch immer auf unsere und können leider nicht genau sagen, wann es mit dem Blockhaus weitergeht.

Hier aber erst einmal, was ihr alles braucht, um ein kleines Blockhaus zu bauen. Bei einem richtigen Blockhaus braucht ihr ewig lange Baumstämme, bei denen ihr am Ende Aussparungen aussägt, damit könnt ihr die Stämme gut aufeinanderstapeln. Dann aber müsst ihr noch Türen einbauen, einen Dachstuhl und Fenster, dazu müsst ihr Berechnungen anstellen, und teuer ist das Ganze auch, glaubt uns, wir wissen, wovon wir sprechen.

Deswegen haben wir uns schlaugemacht und ein kleines Blockhäuschen für euch ausgearbeitet, bei dem ihr nicht Gefahr lauft, dass euch die Dachbalken auf den Kopf fallen. Sozusagen ein Tiny-Blockhaus. Wenn das mal kein Trend wird!

HACK 50: TINY-BLOCKHAUS BAUEN

Zunächst braucht ihr:

» eine Harke
» einen Spaten
» Schnüre
» Holzstangen/Holzpflöcke
» einen großen Hammer
» viel, viel, viel Holz, jeweils Stangen von etwa zwei Metern Länge
» eine Plane, die etwa doppelt so groß ist wie die Grundfläche eures Tiny-Blockhauses

Macht euch auf die Suche nach dem idealen Standort für das Blockhaus. Was macht einen guten Platz aus? Dass er eben und nicht zu sehr von Unkraut überwuchert ist. Ihr habt sonst die größte Arbeit damit, den Platz zu bereinigen, und das Gestrüpp wird wie bei Dornröschen immer wieder Richtung Blockhaus wuchern. Befreit den Boden von Laub, Ästen und Steinen. Wurzeln, die in der Erde liegen, entfernt ebenfalls.

Dann steckt ihr eure Grundfläche ab. Wie gesagt, wir haben da ein ziemlich großes Vorhaben, aber für euch reicht zunächst eine Grundfläche von zwei mal zwei Metern. Steckt diese Fläche mit den vier Holzstangen und der Schnur ab, dann tragt ihr den Boden so ab, dass er eben ist. Erinnert ihr euch, wie ihr die Begrenzung für das Hochbeet gebaut habt und die Reflektorwand? Nach dem gleichen Prinzip zieht ihr hier die erste Wand doch.

Ihr spitzt vier Holzpflöcke an und setzt zwei an die Außenseite der geplanten Wand und zwei an die Innenseite. Nun füllt ihr den Zwischenraum mit Holzstangen auf. Da das Ganze etwas größer dimensioniert ist, solltet ihr hier keinesfalls vergessen, die Holzpflöcke mit euren Schnüren zu verbinden, beispielsweise auf einem halben Meter Höhe. Baut die Wand etwa einen Meter hoch, und verfahrt auf zwei weiteren Seiten nach dem gleichen Prinzip.

Jetzt wird es kompliziert: Nehmt zwei lange Stangen, und haut sie wie eine Tür in die Mitte der noch freien Seiten. Dabei sollte eine Stange etwas tiefer sein als die andere, etwa 20 oder 30 Zentimeter. Links und rechts der Tür arbeitet ihr die Wandstücke wie gehabt aus. Wenn es beim Risotto heißt: „Rühren, rühren, rühren", heißt es bei euch heute: „Schnüren, schnüren, schnüren." Okay? Nachdem diese Wände stehen, haut auf der anderen Seite der Wand genau gegenüber auch zwei Holzpfähle ein. Einer sollte wieder, wie auf der anderen Seite, 30 Zentimeter oder 20 Zentimeter höher als der andere sein. Dann verbindet ihr die jeweils gegenüberliegenden

Pfähle mit Kordeln, sodass ihr zwei „Balken“ habt, die durch euer ganzes Häuschen führen.
Jetzt sind auf jeden Fall zwei Leute gefragt, denn ihr müsst die Plane einmal über das ganze Konstrukt ziehen und abspannen. Hoffentlich wird euch jetzt auch klar, weshalb die eine Schnur tiefer liegen sollte als die andere: damit ihr zwar eine Eingangstür habt, aber auch ein Gefälle im Dach. Wenn ihr besonders motiviert seid, stellt ihr nun Steinzeitkleber her und verklebt alle Stellen, die es vertragen könnten.

Wenn ihr dieses kleine Haus hinbekommen habt, könnt ihr wirklich stolz auf euch sein! Mit der Zeit werdet ihr sehen, dass ihr immer geschickter werdet und lernt, ganz viel Wissen und Geschick zu übertragen. Das geht uns auch so. Wir wissen, dass wir beim Trapperbett etwas auf eine Art gemacht haben, und können das Wissen beim Bau einer Hängebrücke gut gebrauchen. Hoffentlich können wir all das Know-how vom Grubenhaus auch bald beim Blockhaus einsetzen.

Bis es so weit ist, genießen wir, was wir alles bislang erreicht haben. Nehmt euch ebenfalls eine Auszeit, und setzt euch vor eure Bude. Was gibt es dort alles zu sehen?

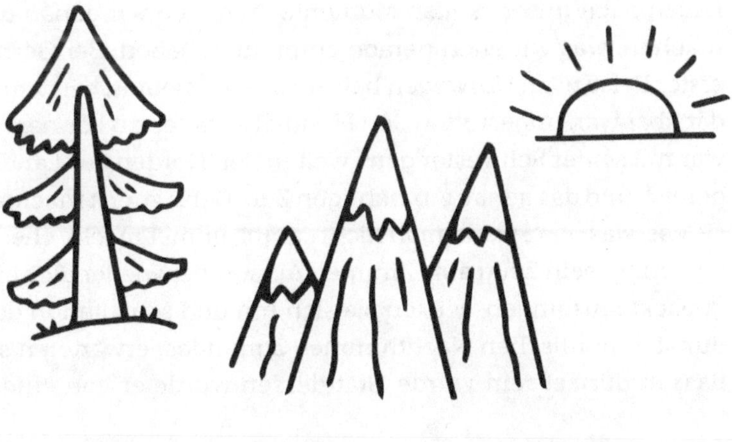

NATUR IM WANDEL GENIESSEN

Wenn man so viel im Wald ist wie wir, dann kriegt man schon ganz gut mit, wie sich die Natur um einen herum verändert. Wir können euch nur empfehlen, euch auch hin und wieder die Zeit zu nehmen, euch einfach hinzusetzen und die Natur auf euch wirken zu lassen. Tagsüber ganz bewusst zu horchen, wie der Wind rauscht, und abends in den Sternenhimmel zu gucken.

Sucht euch eine Lieblingsstelle im Wald, zu der ihr immer wieder zurückkehrt! Beobachtet, welche Tiere sich hier herumschleichen. Oder lauscht, ob ihr noch Zivilisationsgeräusche wie Autos oder Flugzeuge hört. Wir wetten, dass ihr irgendwann die Unterschiede wahrnehmt: Ob es sonnig ist oder schneit, das sieht man nicht nur, und fühlt es an der Temperatur, man hört es auch!

In unseren Videos seht ihr uns immer in Aktion. Ist ja auch klar, sonst bräuchten wir ja keine Filme zu drehen oder würden sie Waldbade-Achtsamkeitsclips nennen. Doch Scherz beiseite, wir haben auch unsere stillen Momente, in denen wir genau das machen, was wir euch gerade empfohlen haben. Bei Gerrits erster Reise nach Norwegen hatte er so ein Erlebnis, bei dem er dankbar war, ungestört in den Himmel schauen zu können. Er war mit seiner Schwester ganz weit in den Norden des Landes gereist, und das genau zur richtigen Zeit. Denn zuerst machten sie das, was man, wenn man nicht campt, immer macht, checkt ein, bringt sein Zeug aufs Zimmer. Als sie aber wieder dick eingepackt rausgingen, setzten sie sich hin und schauten in den dunklen nordischen Nachthimmel. Zumindest erwarteten sie, dass er dunkel sein würde. Stattdessen wurde er von einem grünen Schleier erhellt, von Polarlichtern. Die waren so hell, dass sie sogar tagsüber zu sehen waren. Über so etwas können wir aus unserem Brandenburger Wald nicht berichten, Nordlichter sind bei uns sehr, sehr, sehr selten.

Aber von einem anderen Naturerlebnis, das wir nicht erwartet hatten, können wir euch erzählen. Einmal saßen wir spätabends im Camp und quatschten, als wir plötzlich einen würzigen Geruch wahrnahmen. Als wir dem auf die Spur gingen, stellten wir fest, dass eine Herde Damwild in unserer Nähe unterwegs war. Wie im Märchen kam dann auch schon der Wolf an uns vorbeigezischt, der eins von ihnen jagte.

Wären wir vor Jahren in Berlin hinter unserer Spielekonsole versackt oder später in der Kneipe, hätten wir so etwas niemals erlebt. Nichts gegen die Playstation oder die Kneipe, alles zu seiner Zeit, aber geht raus, nehmt eure Freunde mit, schaut euch an, was die Natur für Abenteuer für euch bereithält. Ihr müsst dafür nicht nach Norwegen fahren, obwohl es dort sehr schön ist, oder in die Wüste von Rajasthan, ihr könnt ein paar Schritte von zu Hause entfernt mit der Entdeckungsreise anfangen.

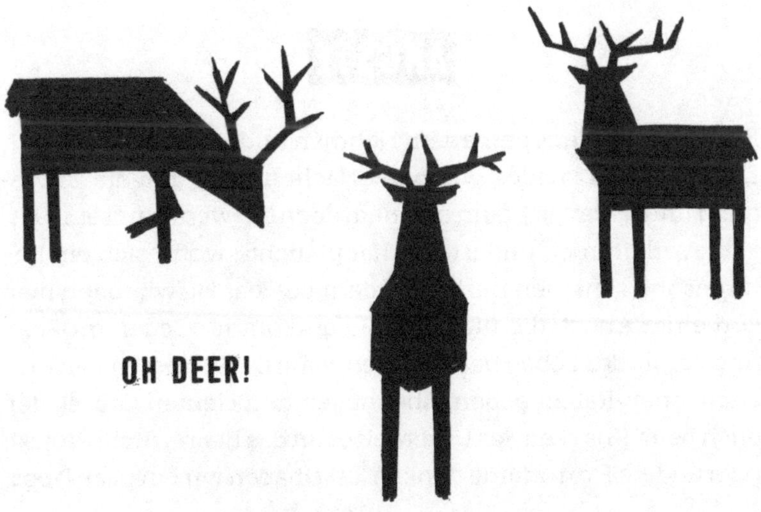

GEFAHREN UND ÄRGERNISSE

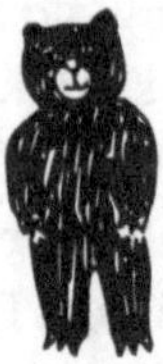

Meistens ist so ein Tag im Wald oder auch zwei oder drei eine entspannte Sache. Wir merken immer, dass wir abschalten und uns richtig in unsere Projekte vertiefen. Nun drehen wir andauernd Videos für unseren Kanal, hängen also entsprechend seltener am Lagerfeuer herum. Trotzdem genießen wir es, draußen zu sein. Warum aber spielen so viele Horrorszenen im Wald? Weil es da, geben wir ehrlich zu, auch mitunter beängstigend einsam und verlassen sein kann. Damit ihr euch dennoch auch in harten Zeiten im Wald wohlfühlt oder euch zu helfen wisst, haben wir uns Gedanken gemacht: Was kann man tun, wenn man sich verletzt oder einem wilden Tier gegenübersteht? Anfangen möchten wir mit der Angst, die euch ganz ohne Anlass ereilen kann. Huuuuhh.

ÄNGSTE

Klar sind wir alle superhart im Nehmen und meistens gut drauf. Doch hin und wieder, wenn die Nacht dunkel und die Umgebung unbekannt ist, kann es einem doch ein wenig gruseln. Das kann vorkommen und ist überhaupt nichts, wofür sich ein Naturensohn schämen muss. Nur damit es klar ist, wir reden hier von einer Angst, die nur im Wald aufkommt. Gegen größere Ängste, die das Leben beeinflussen, wäre es vermessen von uns, euch einen Rat zu geben. Aber gegen den kleinen Grusel, der euch beim Knacken des Unterholzes an das Blair-Witch-Projekt oder andere Horrorfilme denken lässt, haben wir ein paar Tipps.

ÄNGSTE LOSWERDEN

» Fangt klein an. Wir haben nie in unserer Bude in Andys Garten übernachtet, aber es wäre eigentlich der ideale Einstieg gewesen und hätte uns die steifen Knochen nach dem Airsoft-Armageddon erspart, die wir am nächsten Tag wegen des unzureichenden Equipments hatten. Wären wir nur zu zweit gewesen und nicht mit so vielen anderen, hätte es uns auch gegruselt. Eine Nacht im Freien als pure Übung hätte uns geholfen. Also ist unser Tipp: Habt ihr einen Garten, übernachtet dort, bevor es in die Natur geht. Falls ihr keinen Garten habt und auch keine Freunde mit Garten, versucht es auf einem Campingplatz. Dort seid ihr im Freien, aber dennoch in einer geschützten Umgebung.

» Versucht, euch hin und wieder in eurer Angst zu erden: Es laufen nicht so viele Massenmörder in unserem Land herum, und wenn, dann ist die Chance, dass sie genau in eurer Ecke des Waldes aufkreuzen, verschwindend gering. Habt ihr eher Angst vor Tieren, seid euch auch im Klaren darüber, dass sie euch eher nicht angreifen werden, wenn ihr auch ihren Lebensraum respektiert. Informiert euch vorher, ob Wildschweine sich gerade in der Brunftzeit befinden oder Frischlinge geboren wurden. Damit seid ihr schon einen großen Schritt weiter und könnt beruhigt heia machen.

» Wenn ihr schon im Wald seid und euch der Grusel überfällt, versucht, euch einen geschützten Schlafplatz zu suchen oder zu bauen.

» Macht euch Licht, und legt euch einen Stock neben den Schlafsack. Den werdet ihr nicht brauchen, aber euer Kopf hat einen sogenannten Sicherheitsanker, mit dem er arbeiten kann, um sich zu beruhigen.

» Eine andere Art, mit der Angst umzugehen, ist, sich etwas Lustiges vorzustellen. Wenn ihr Angst vor einem Waldgeist habt, brauchen wir euch jetzt nicht zehnmal zu sagen, dass es ihn nicht gibt. Sobald ihr in eurer Hängematte liegt und euch gruselt, ist dieses Wissen wenig wert. Aber der Kopf kann sich nicht etwas Ulkiges vorstellen und gleichzeitig Angst haben. Also malt euch aus, was für bescheuerte Clownsschuhe der Waldgeist trägt, dass er gar nicht in ihnen laufen kann, dauernd hinknallt und immer wieder seinen Kopf richten muss.

» Wenn ihr aber dennoch Angst habt, dass euch jemand in den Wald oder ins Terrain hinein gefolgt ist, dann brecht ihr euch echt keinen Zacken aus der Krone, wenn ihr euer Vorhaben aufgebt und nach Hause geht. Klar wird man hinterher immer sagen können, da war ja nichts, aber ihr solltet ja Spaß an der Natur haben, sie genießen und nicht völlig fertig nach Hause kommen. Das gilt übrigens für Männer und für Frauen!

Manchmal hilft es auch, sich anders zu beschäftigen, um sich abzulenken. Wie wäre es mit Essen machen? Meistens kochen wir deftig, und die vielen Knoppers und Hanutas, die wir im Wald verschlingen, haben es zum Glück noch nicht vor die Kamera geschafft. Das ist keine böse Absicht, wir gehen einfach davon aus, dass ihr es interessanter findet, uns bei unseren mega Experimenten zuzusehen anstatt beim Schokolademampfen. In manchen Situationen braucht der Mensch unserer Meinung nach etwas Süßes, beispielsweise wenn ihr wie so große Heroes eure Angst im Wald erfolgreich bekämpft habt. Für dieses Gericht eignet sich ein Lagerfeuer weniger als ein Campingkocher, den ihr schön niedrig einstellen könnt. Wir wollen ja nicht, dass euch die ganze Pampe anbrennt, und das kann bei Milchreis leicht passieren. Also merkt euch, die wichtigste Zutat bei diesem Rezept ist nicht Milch oder Reis, sondern das kontinuierliche Rühren. Das strengt zwar an, aber die Sorge darum, dass alles anbrennen könnte, trumpft 40 Minuten lang über neu aufkommende Panik.

HACK 51: COMFORT FOOD – MILCHREIS MIT ZIMT

Für einen guten Milchreis für zwei Personen braucht ihr:

» 500 ml Milch, oder 350 ml Milch und 150 ml Sahne
» 100 g Milchreis
» eine Vanilleschote
» 4 Esslöffel Zucker
» eine Prise Zimt

Wenn ihr einen schweren Topf habt, nehmt diesen. Sonst benutzt einfach, was ihr dahabt. Beginnt damit, dass ihr die Vanilleschote aufschlitzt und das Mark in die Milch spachtelt. Dann fügt ihr den Zucker hinzu, kocht die Milch einmal auf und dreht die Flamme dann so weit herunter, wie es geht. Schüttet den Reis hinein, und rührt und rührt und rührt. Dann rührt ihr noch mal, und nach 40 Minuten sollte das Gericht fertig sein. Bestreut eure Portion mit Zimt und genießt euer Comfort Food.

WUNDVERSORGUNG

Wir sind Glückskinder, denn obwohl wir dauernd bauen, schnitzen, schichten und Feuer machen, ist uns noch nie ernsthaft etwas passiert. Einmal hat Andy in eine Säge gegriffen, die Gerrit im Camp stehen gelassen hat. Oder war es umgekehrt? Wir wissen es schon gar nicht mehr genau, so schlimm kann es also nicht gewesen sein. Was wir aber wissen, ist, dass wir eine richtige Wundversorgung noch nie gebraucht haben. Dennoch möchten wir euch ein paar Hacks an die Hand geben, was ihr im Notfall tun könnt. Wir fangen mit etwas relativ

Harmlosem an und arbeiten uns weiter vor, da wird es ganz schön heftig. Aber zunächst möchten wir uns mit einem ganz gewöhnlichen Plagegeist beschäftigen: der Zecke.

Zecken krabbeln gerne durch das Unterholz, und wir haben euch ja schon beim Saniset gesagt, weshalb ihr immer eine Pinzette dabeihaben solltet, nämlich um sie zu entfernen. Auch sagten wir, dass Zecken FSME und Lyme-Borreliose übertragen können. Weil es uns so ein wichtiges Anliegen ist, wiederholen wir noch einmal: Schützt euch vor den Viechern. Vergesst das nicht, oder kommt euch nicht so cool vor, als ob euch das nichts angeht, weil ihr jung und gesund seid.

HACK 52: SO BEUGT IHR ZECKEN VOR

Zieht euch helle Klamotten an, auf denen man sie sofort sieht, und sprüht diese mit Zeckenmittel ein. Noch besser ist es, wir erwähnten es schon, wenn ihr die Socken über die Hosenbeine zieht. Das sieht zum Teil völlig bescheuert aus, eine chronische Müdigkeit als Langzeitfolge der Borreliose ist aber noch blöder. Sucht euch am Abend nach Zecken ab, auch wenn die Temperaturen nicht mehr an Insekten denken lassen. Denn Zecken macht Kälte gar nichts aus, und sie können sogar längere Zeit unter Wasser überleben.

Falls ihr eine Zecke gefunden habt, die sich an eurem Körper festsaugt, braucht ihr nicht in Panik zu verfallen.

HACK 53: ZECKE ENTFERNEN

Es gibt mehrere Dinge, mit denen ihr Zecken entfernen könnt. Da wären Zeckenkarten oder -zangen. Bei kleinen Viechern hilft vor allem die Pinzette, die man unterhalb des Insektenkörpers ansetzt. So eine Zecke darf nicht zerquetscht werden, sonst erhöht sich das Infektionsrisiko. Also setzt die Pinzette zwischen Zeckenkörper und Haut an, und zieht das Viech heraus. Wenn ihr sowieso ein Feuer lodern habt, werft die Zecke dort hinein, wir wissen, das klingt grausam, aber ist eine sichere Methode, um sie unschädlich zu machen. Ihr wollt doch nicht, dass das Tierchen sofort zu euch zurückkrabbelt. Ihr könnt sie auch zwischen zwei Brettern zerquetschen. Dann desinfiziert ihr die Einstichstelle und beobachtet sie ein paar Tage lang. Bildet sich ein roter Kreis um sie herum? Dann geht sofort zum Arzt.

Wenn ihr vorhabt, viel zu werkeln, werdet ihr euch früher oder später einen Holzsplitter ziehen. Zum Glück sind die zwar lästig, aber einfach zu entfernen.

HACK 54: SPLITTER ENTFERNEN

Man braucht kein großes Latinum, um einen Splitter zu entfernen, sondern nur etwas warmes Wasser. Meistens zieht man sich die Splitter in den Finger oder die Füße. Legt also Fuß oder Hand in einen Topf mit warmem Wasser (vielleicht tut hier das faltbare Waschbecken seinen besten Dienst), drückt ihn etwas an und zieht ihn danach mit der Pinzette heraus. Falls der Splitter an einer Stelle sitzt, an die ihr nicht so gut herankommt, könnt ihr versuchen, Olivenöl auf die Stelle zu reiben. Nach ein paar Minuten sollte der Splitter sich auch besser herausdrücken und -ziehen lassen.

Was ihr alles in eurem Notfallset haben solltet, das wisst ihr ja schon. Wenn ihr wirklich motiviert seid oder weit weg vom nächsten Krankenhaus, könnt ihr auch noch euer **Verbandset** einpacken. Wisst ihr denn auch, wie ihr die einzelnen Teile in eurem Verbandskasten benutzt? Nein? Kein Problem, wir erklären es euch, dafür haben wir schließlich das Buch geschrieben.

HACK 55: DREIECKTUCH ANLEGEN

Das Dreiecktuch ist sehr variabel und kann auf mehrere Arten angelegt werden.

Zunächst ist da die Anwendung für eine **Armschlinge**, mit der ihr einen Arm versorgt, der ruhig gestellt werden muss. Dazu faltet ihr das Tuch auseinander. Die lange Seite des Tuchs sollte sich nahe der Körpermitte der verletzten Person befinden, die rechtwinklige Spitze des Dreiecks zeigt nach außen. Nun legt ihr das obere Ende hinten um ihren Hals. Winkelt den Arm an, klappt das Tuch halb ein, sodass der Unterarm bequem darin liegen kann, und knotet das andere Ende oben fest. Das Ganze wird zwar keinen Bruch heilen, aber den Marsch zurück irre vereinfachen, den der oder die Verletzte muss nun nicht aus eigener Kraft dafür sorgen, dass der Arm still hält.

Ihr könnt mit den Tuch aber auch **Kopfverletzungen** versorgen oder es benutzen, um ein **Kühlpack** zu befestigen. Das ist ganz einfach, und vielleicht habt ihr auch schon Erfahrung mit Kopftüchern. Ihr legt die lange Seite über die Stirn, klappt die rechtwinklige Seite in Richtung Hinterkopf und knotet nun die beiden spitzen Winkel hinter dem Kopf zusammen. Fertig!

Falls ihr euch an der Hand verletzt habt, können eure Freunde euch damit versorgen. Weil, wie gesagt, das Tuch nicht steril ist, sollten sie ein Stück sterilen Verband dazunehmen. Dieses Stück legen sie über die verletzte Stelle. Dann legt ihr die Hand so auf das Tuch, dass die lange Seite in Richtung Achsel liegt und die Fingerspitzen etwa bis zur Mitte des Tuchs reichen. Klappt nun die rechtwinklige Seite herunter, und wickelt die beiden anderen Ecken über- und untereinander um die Hand. Vielleicht müsst ihr das Tuch an der Unterkante etwas raffen, damit es besser sitzt.

HACK 56: VERSORGUNG EINER BRANDWUNDE

Bei einer Brandwunde ist das Wichtigste, dass ihr die betroffene Stelle kühlt. Wenn ihr euch verbrennt, frisst sich der Brand noch nach dem Ereignis ein paar Minuten lang in die Haut ein, ganz stümperhaft gesprochen. Wenn ihr sofort nachkühlt, könnt ihr nichts gut machen, aber die Verschlimmerung verhindern. Wir sprechen hier bewusst von einer betroffenen Stelle. Denn klar ist, wenn die Verbrennung großflächig ist, ruft ihr sofort den Notarzt, okay?

Ihr müsst auch kein Eiswasser nehmen, das stresst den Körper sowieso. Es sollte einfach nur so kalt sein, dass es die Temperatur an der Stelle etwas senkt. Nachdem ihr die Brandwunde gekühlt habt, könnt ihr sie mit kühlem Desinfektionsmittel einsprühen, also dem, das nicht auf der Haut beißt. Danach deckt ihr die Stelle steril ab, mit einem sauberen Tuch oder Pflaster.

HACK 57: SCHNITTWUNDEN VERARZTEN

Bei Schnittwunden gilt das Gleiche wie bei Brandwunden: Kleine Verletzungen könnt ihr zunächst mit Bordmitteln verarzten, aber spielt bei größeren Einschnitten nicht den Helden oder die Heldin, geht zum Arzt! Bei einer kleinen Schnittwunde ist es wichtig, dass ihr die Stelle gründlich mit Octenisept reinigt. Seid nicht fahrlässig, riskiert keine Infektion. Vor allem nicht, wenn ihr die Wunde nachher mit einem Steristrip zusammentackert. Diese Strips gibt es im Drogeriemarkt, und sie sind superpraktisch, um das Zusammenwachsen zu fördern. Eine Gefahr aber lauert hier: Wenn die Wunde von oben zuheilt, darunter sich aber Eiter bildet, kann das Ergebnis eine gefährliche Sepsis sein.

HACK 58: BLUTUNG STILLEN

Wenn sich einer von euch im Wald verletzt und blutet, kann der andere ihm oder ihr helfen. Aber denkt daran, pulsierende Blutungen, die spritzen, sind meist arterielle Blutungen und *immer* ernst zu nehmende Notfälle. Ihr solltet in dem Fall so schnell wie möglich professionelle Hilfe suchen.

Leichte Blutungen sind in der Regel venöse Blutungen und können meist durch einen sterilen Verband mit leichter Kompression gestillt werden. Ganz einfach, indem ihr darauf Druck ausübt.

Die oben erwähnten arteriellen Blutungen sind potenziell lebensgefährlich. Euch könnte ein starker Blutverlust drohen, der unbedingt gestoppt werden muss. Die beste Art ist es, einen **sterilen Druckverband** aus eurem Saniset zu nehmen und den kräftig auf die Blutung zu drücken, bis sie stoppt. Vielleicht hilft euch dabei ein festerer Gegenstand wie ein Stein oder auch ein gefalteter Lappen, den ihr in den Verband einarbeitet, indem ihr die Wunde fest umwickelt. Wenn ihr einen Stift habt, schreibt die Uhrzeit darauf, wann ihr den Verband angelegt habt. Das macht den Rettungskräften die Einschätzung der Lage später einfacher.

Versucht immer erst, die Blutung mit einem solchen Druckverband zu stillen. Sollte euch das nicht gelingen, könnt ihr im absoluten Notfall, wenn ihr glaubt, euer Freund oder eure Freundin stirbt euch sonst unter den Händen weg, ein sogenanntes **Tourniquet** anbringen, das eine Extremität abbindet. In Filmen sieht man dauernd, wie das gemacht wird, meistens beim Militär, wo das Tourniquet auch seinen Ursprung hat. Aber Laien gelingt das oft eher schlecht als recht, was andere Gefahren für die versorgte Person birgt. So ein Tourniquet sollte auch nicht länger als zwei Stunden angelegt werden, sonst nimmt die abgebundene Extremität Schaden.

Schreibt auch hier wieder die Uhrzeit auf den Verband, oder macht ein Foto von eurer Uhr, falls ihr nichts zum Schreiben habt. Schaut euch an, wo die Wunde liegt, und geht mindestens fünf Zentimeter Richtung Herz. Dort bindet ihr den Arm oder das Bein ganz fest ab. Dann holt sofort Hilfe. Wichtig: Macht auf keinen Fall den Fehler, dieses Tourniquet selbst zu lösen, das sollten nur Rettungskräfte tun. Das Blut in der abgebundenen Extremität kann gerinnen. Wenn ihr die Barriere hier wieder löst, können Blutgerinnsel in die Blutbahn geraten und diese verstopfen.

Was aber ist, wenn ihr meint, euch etwas gebrochen zu haben, und die Fixierung mit dem Dreieckecktuch nicht reicht?

HACK 59: BRUCH VERSORGEN

Zunächst untersucht ihr die Stelle. Sichere Zeichen für eine Fraktur sind Fehlstellungen, eine ungewöhnliche Beweglichkeit oder wenn das Gelenk bei der Bewegung knirscht. Mitunter darf man auch ein Stück Knochen sehen, dann wisst ihr Bescheid. Nicht so sicher könnt ihr euch bei Schwellungen, Schmerzen oder einem Bluterguss sein. Auch hier wieder der Hinweis: Wir leben nicht in Zeiten der Zombieapokalypse. Wenn ihr euch so stark verletzt habt, lasst euch sofort ins Krankenhaus bringen. In unserer Vorstellung kursiert auch die Idee, dass man Brüche schienen müsse. Ja, wenn ihr im australischen Outback seid und kein Flying Doctor anrücken kann. Dann können eure Freunde euch erst ein Schmerzmittel verabreichen und danach die Gliedmaßen mit einem Stock und Tüchern unter einem ganz sanften Längszug fixieren, wobei eine achsengerechte Einstellung reicht. Stellt den Rest der betroffenen Gliedmaßen ruhig. Offene Brüche sollten mit einem sterilen Tuch abgedeckt werden. Während eure Freunde euch ins nächste Krankenhaus bringen, sollten sie kontinuierlich euren Puls fühlen, eure Motorik, also, ob ihr noch etwas bewegen könnt, und eure Sensibilität, ob ihr noch etwas fühlt, kontrollieren. Für die Rettungskräfte sind das wichtige Informationen.

Der nächste Hinweis ist so grundlegend, dass wir denken, das müsste jeder wissen. Man hat aber schon Pferde vor der Apotheke kotzen sehen, deswegen jetzt noch einmal: die stabile Seitenlage. Sehr praktisch für die Versorgung derer, die beim Anblick der Brüche, Verbrennungen und pulsierenden Blutungen gleich in Ohnmacht fallen. Wir urteilen nicht, wir kennen solche Kandidaten sehr gut. Sehr sehr gut.

HACK 60: STABILE SEITENLAGE

Auf der Webseite des Deutschen Roten Kreuzes (DRK) ist perfekt erklärt, wie man eine bewusstlose Person in die stabile Seitenlage bringt. Legt erst den einen Arm neben sie, sodass er wie ein Kaktusast aussieht (1), also im rechten Winkel auf dem Boden liegt. Die Beine sind dabei ausgestreckt. Winkelt nun das gegenüberliegende Bein an (2), und legt die Oberfläche der freien Hand an die gegenüberliegende Wange (3). Rotiert nun den Körper herum, bis er auf der Seite liegt, auf der auch der Kaktusarm ruht (4). Das gegenüberliegende, angewinkelte Bein sollte nun auch mit der Innenseite auf dem Boden liegen. Schiebt das Kinn leicht nach oben, bis der Hals überstreckt, und öffnet den Mund. Nun sollte euer Freund nicht mehr an seiner Zunge oder an eventuell hochkommendem Erbrochenen ersticken.

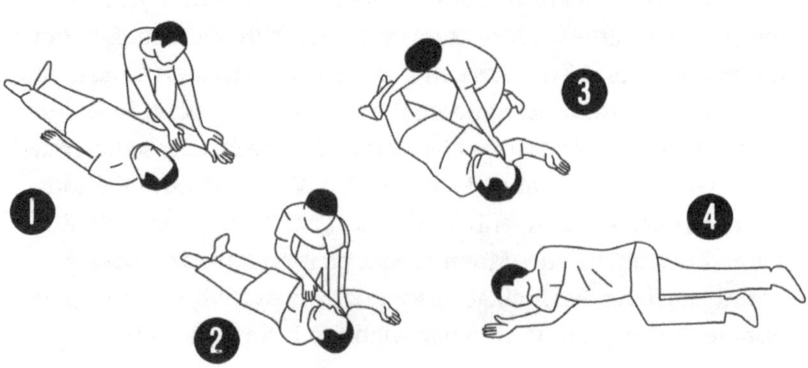

WIEDERBELEBUNG

Wir sind jung und fühlen uns fit. Aber wir kennen alle Geschichten von Menschen, die echt nicht alt waren, aber mit einem Herzstillstand umgefallen sind. Deswegen müsst ihr bei jeder Ohnmacht eurer Freunde kontrollieren, ob sie noch atmen oder ob sie noch einen Puls haben. Wenn nicht, dann geht es ans Eingemachte. Und zwar so:

HACK 61: HERZMASSAGE – GEWUSST, WIE

Auch das Vorgehen ist mit Bildern ziemlich gut beim DRK erklärt. Ihr dreht euren kranken Freund auf den Rücken, ballt die Hände zusammen und legt sie in die Mitte des Brustkorbs. Dabei kniet ihr euch am besten hin. Nun beginnt ihr, gleichmäßig zu pumpen, senkrecht von oben, mit gestreckten Armen und unter Zuhilfenahme eures Körpergewichts. Was ihr dabei kaputt machen könnt, ist in dieser potenziell tödlichen Situation zweitrangig, euch geht es darum, das Herz in Gang zu bringen. Besonders einprägsam und genau das richtige Tempo hat übrigens das Lied „Stayin' Alive" von den Bee Gees. Stellt euch vor, ihr müsstet im Takt dazu arbeiten, dann macht ihr es richtig. Ist euer Freund oder eure Freundin wieder bei Bewusstsein, bringt ihr sie oder ihn sofort ins Krankenhaus. Wegen des Herzens, ist klar, aber auch weil durch die Herzmassage Knochen gebrochen oder Organe verletzt sein könnten, was in dem Moment das kleinere Übel ist. Aber es muss unbedingt abgeklärt werden, verstanden?

Pumpt 30 Mal, danach gebt ihr zweimal eine Atemspende, pumpt wieder 30 Mal, und widmet euch dann wieder der Atemspende. Wie die funktioniert, erklären wir euch jetzt.

HACK 62: MUND-ZU-MUND-BEATMUNG

Hierfür sollte euer Kumpel immer noch auf dem Rücken liegen. Stellt zunächst sicher, dass seine Atemwege frei sind, kippt den Kopf leicht nach hinten, drückt mit der einen Hand die Nase zu, öffnet mit der anderen den Mund. Atmet ein, nicht übertrieben, einfach einen Atemzug, umschließt mit euren Lippen die des Kumpels und atmet aus. Idealerweise sollte sich die Brust des Betroffenen nun heben und senken. Wiederholt das Prozedere, danach geht ihr wieder zu Herzmassage über.

Stellt euch vor, ihr sitzt gemütlich am Lagerfeuer, esst das selbst gebackene Brot, plötzlich verschluckt sich ein Freund von euch und läuft blau an, was macht ihr dann? Das Heimlich-Manöver! Es ist eine ziemlich brutale, aber effektive Art, die Speiseröhre von einer Obstruktion zu befreien.

HACK 63: HEIMLICH-MANÖVER

Das Ziel des Heimlich-Manövers ist es, plötzlichen Druck auf den Bauchraum auszuüben. Dieser soll dann ganz simpel ausgedrückt Luft nach oben drücken, die wiederrum das verschluckte Stück Speck oder Obst aus der Blockade herauspustet. Dieses Manöver sollte nicht bei Kindern oder Schwangeren angewandt werden! Bevor ihr anfangt, stellt sicher, dass die Person, die sich verschluckt hat, sich nicht selbst aus der Lage befreien kann. Dann könntet ihr euch dieses Verfahren sparen, das mit inneren Verletzungen einhergehen kann. Falls ihr den Eindruck habt, die andere Person ist nicht in der Lage, sich selbst aus der Atemnot zu befreien, bittet sie, sich hinzustellen. Klopft ihr zunächst fünfmal kräftig auf den Rücken, damit eventuell festsitzende Objekte sich lockern. Greift danach von hinten um sie herum, sodass eure Arme unterhalb der Rippen liegen. Macht mit einer Hand eine Faust, den Daumen nach innen geklappt. Sie sollte etwas oberhalb des Bauchnabels liegen. Dann zieht die geballte Faust mit der anderen Hand fünfmal fest und ruckartig nach innen und oben. Wenn das gelingt, sollte oben etwas herauskommen. Da das Heimlich-Manöver ein ziemlich rabiates Vorgehen ist, solltet ihr die gerettete Person danach ins Krankenhaus bringen und untersuchen lassen. Eine innere Verletzung könnt ihr als Laien im Wald nämlich auch hier nicht ausschließen. Aber alles ist besser, als viel zu früh wegen eines Stück Käses zu sterben.

Wir sind keine Mediziner, aber wir hoffen, dass wir euch trotzdem die grundlegendsten Hilfemaßnahmen vermitteln konnten. Wie immer gilt hier: Vorbeugen ist besser als Heilen. Beachtet die Schnitzregeln, versucht, nicht im Dunkeln um das Feuer herum zu stolpern, passt auf euch auf, wenn ihr hämmert, sägt und Holz spaltet.

ORIENTIERUNG

Wir haben euch ein paar Kapitel zuvor zu Apps zur Orientierung geraten, die helfen ganz gewaltig, aber nur solange ihr auch noch Akku habt. Wenn ihr unseren Ratschlag mit der geladenen Powerbank in den Wind geschlagen habt, dann müsst ihr ohne weitere Hilfsmittel zurechtkommen. Ganz egal, wohin ihr aufbrecht, macht euch vorher mit dem Terrain bekannt, und verlasst euch nicht allein auf eure Geräte. Immer wieder gehen Menschen im Wald verloren, finden den Weg heraus nicht mehr, obwohl die nächste Landstraße oder die nächste Siedlung gar nicht weit entfernt liegt.

Wenn wir draußen sind und die nächste Stadt weit weg ist, genießen wir den dunklen Himmel. Darin blinken die Sterne, die sich mit der Zeit bewegen. Besser gesagt bewegen wir uns auf unserem um die eigene Achse kreisenden Planeten.

Solltet ihr euch allein ohne Handy und Empfang im finsteren Wald wiederfinden und nicht wissen, wie ihr wieder herausfindet, hoffen wir für euch, dass die Nacht wenigstens sternenklar ist und ihr in den Himmel blicken könnt. Wir gehen der Einfachheit halber davon aus, dass ihr euch in Deutschland befindet.

HACK 64: STERNE RICHTIG LESEN

Da wir wissen, dass die Sonne im Osten aufgeht und im Westen versinkt, können wir daraus auch unsere Schlüsse über die Sterne ziehen. Wenn sie wie die Sonne aufgehen und niedersinken, dann befindet sich der Norden gerade vor euch. Seht ihr vielleicht den Großen Wagen? Wenn ihr seine Seitenlinie fünfmal verlängert, solltet ihr auch den Polarstern sehen. Perfekt, wenn ja, denn nun wisst ihr, geradeaus ist Norden, links Westen, rechts der Osten, und hinter euch liegt der Süden. Findet ihr nun den Weg zur nächsten Siedlung?

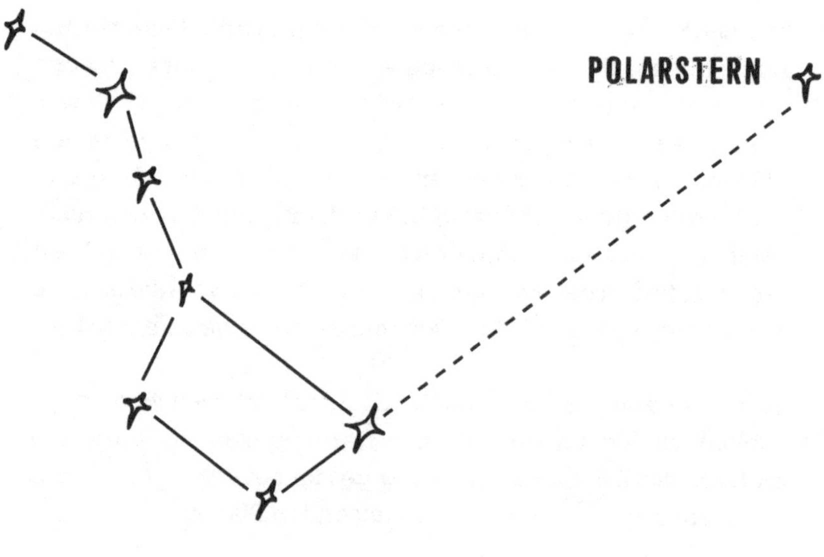

Seid ihr tagsüber unterwegs und habt euch verlaufen, helfen euch die Sterne auch nicht weiter. Bis auf einen: unsere Sonne. Oder sagen wir: Sie kann euch helfen, wenn ihr eine normale Uhr mit Zeigern dabeihabt und keine Apple-Watch, deren Akku tot ist.

HACK 65: SONNENSTAND BESTIMMEN

Zieht eure Uhr aus, und haltet sie waagerecht mit dem kleinen Zeiger in Richtung Sonne ausgerichtet. Den Süden solltet ihr nun zwischen der Sonne und dem Stundenzeiger finden. Dann ist auch logisch, wo Norden ist, oder? Auch wenn wir alle die Sommerzeit so viel geiler finden als die Winterzeit, ist Letztere doch die „wahre" Uhrzeit. Solltet ihr also zwischen der Zeitumstellung im März (eine Stunde vor) und der Zeitumstellung im Oktober (eine Stunde zurück) versuchen, die Himmelsrichtung zu bestimmen, stellt eure Uhr erst eine Stunde zurück. Aber vorsichtig! Nicht, dass ihr währenddessen vergesst, wie viel Uhr es war, und dann völlig verloren seid.

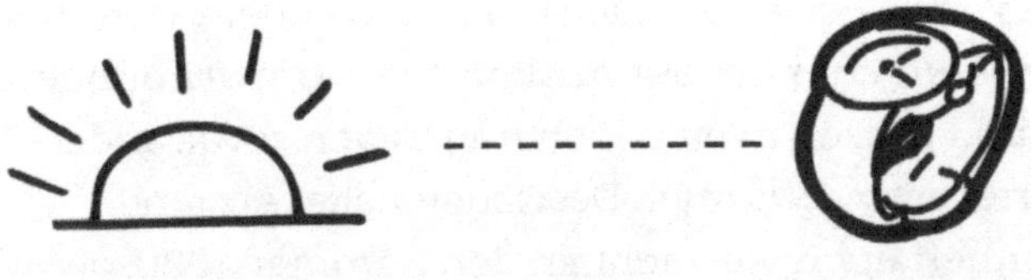

HACK 66: MOOS IST KEIN KOMPASS!

Wenn ihr euch im Wald verlauft und im Hinterkopf habt, dass das Moos immer an der Westseite des Baums wächst, und ihr das als einzige Orientierung nehmt, oh Mann, seid ihr dann lost. Wo das Moos wächst, hängt vor allem davon ab, von wo der Wind bläst und wie das Licht einfällt. Wenn der Waldteil, in dem ihr herumirrt, von einem großen Felsen verschattet wird oder dort andere Windverhältnisse herrschen als im Rest Deutschlands, könnt ihr vom Moos einfach gar nichts ablesen.

UNANGENEHME BEGEGNUNGEN

In der Natur kann es immer wieder vorkommen, dass ihr auf Wesen und Dinge trefft, deren Bekanntschaft euch lieber erspart geblieben wäre. Wir möchten die wahrscheinlichsten Begegnungen aufzählen, aber denkt daran, dass diese trotzdem eher selten sind. Also keine Bange!

Menschen finden Waschbären niedlich, und das sind sie auch, mit ihren lustigen Gesichtern und ihren kleinen Pfoten. Aber Waschbären können auch ganz schöne Plagegeister sein, die man nicht plötzlich als Mitbewohner begrüßen möchte.

Bei ihnen ist es zum Glück ähnlich wie mit anderen Einbrechern: Prävention ist Trumpf. Nachdem ihr gegessen habt, räumt eure Lebensmittel wieder ein, lasst keine Reste herumliegen, die diese maskierten Gesellen oder auch andere Tiere anlocken. Waschbären können laut Auskunft des Umweltbundesamtes Flöhe und Zecken in eure Richtung tragen sowie andere Krankheitserreger und Würmer. Deswegen haltet Abstand.

Ihr erinnert euch vielleicht an den Sommer 2020, als sich abzeichnete, dass die Corona-Zahlen wieder steigen würden, und es in manch anderem Land in der Welt viel finsterer aussah als bei uns? Was hat die Welt damals erheitert? Und wir meinen damit nicht die Berliner Lokalzeitungen, sondern wirklich die ganze weite Welt von L.A. bis Hongkong. Das Wildschwein, das im Grunewald die Tasche mit dem Laptop mopste. Der schon in die Jahre gekommene Besitzer lief dem Wildschwein quer über eine Liegewiese hinterher, in seinem Geburtstagsanzug. Also nackig. Haben wir alle gelacht! Anscheinend war die

Wildschweinlady, die ihre eigene Digitalisierung vorantreiben wollte, Menschen gewöhnt und deswegen nicht scheu. Meistens aber ist es nicht lustig, einem Wildschwein gegenüberzustehen, vor allem wenn es seine Frischlinge schützen möchte.

HACK 67: IM AUGE DES WILDSCHWEINS

Wenn ihr euch auskennt, dann achtet darauf, ob ihr Fährten findet oder Hinterlassenschaften riecht. Kennt ihr diesen strengen Geruch, der uns oft an Suppenwürze erinnert? Wenn ihr den wahrnehmt, befindet ihr euch wahrscheinlich in der Nähe einer Wildschweintoilette und solltet lieber verschwinden. Steht das Wildschwein dann im Wald, zieht euch langsam rückwärts zurück. Zur Not klettert dorthin, wo das Schwein nicht hinkommt. Auf einen Baum oder einen Hochsitz zum Beispiel. Das darf man normalerweise nicht, aber bei Lebensgefahr finden wir das okay. Schnaubt das Schwein schon und klackt die Zähne aufeinander, ist es im Angriffsmodus, und dann solltet ihr euch groß machen und laut werden. Was immer ihr auch tut, werdet nicht hektisch. Wenn das Wildschwein weit entfernt ist, hättet ihr noch eine Chance, davonzukommen, aber je näher es bei euch steht, desto geringer ist sie. Was immer ihr auch tut, lasst dem Wildschwein eine Fluchtmöglichkeit, die es ohne Not ergreifen kann. Dass ihr die kleinen, niedlichen Wildschweinfrischlinge unter keinen Umständen anlocken, streicheln oder füttern dürft, das wisst ihr sowieso, oder?

Die Zahl der Wölfe in Deutschland nimmt zu, in Brandenburg, dem Bundesland, in dem wir meistens unterwegs sind, sogar exponentiell. Dazu gibt es sehr viele Meinungen und Streitereien: Die einen möchten, dass die Wölfe geschossen werden dürfen, andere halten das für Barbarei. Wir wollen euch weder in die eine oder andere Richtung beeinflussen, sondern schlicht und einfach darüber aufklären, was ihr im Fall einer Begegnung mit einem solchen Tier tun könnt. Wir würden euch auch gerne sagen, dass es ihr ganz sicher so schnell auf keinen Wolf trefft. Aber wir haben euch ja vor ein paar Seiten von unserer Wolfsbegegnung berichtet, und ja, so etwas kann vorkommen. Bedenkt jedoch, wie oft und lange wir draußen im Wald herumtollen. Wenn selbst wir erst einmal einen Wolf gesehen haben, ist die Wahrscheinlichkeit auf ein solches Tier zu treffen, relativ gering. Hinweise auf das richtige Verhalten in solch einem Fall gibt beispielsweise das Landesumweltamt Brandenburg in einem Flyer.

HACK 68: WOLF IN SICHT!

» Ruhig verhalten
» Nicht hastig davonlaufen
» Abstand halten
» Das Tier nicht anlocken
» Nicht nähern
» Nicht bedrängen

Meistens wird der Wolf sich dann zurückziehen.

Tut er es nicht, solltet ihr:
» die Tiere im Auge behalten, aber nicht anstarren
» euch bemerkbar machen (Rufen, Reden, Händeklatschen)
» langsam weitergehen
» Wenn der Wolf euch folgt, solltet ihr wieder Lärm machen
» Außerdem könnt und sollt ihr die Begegnung mit dem Wolf ans jeweilige Landesumweltamt melden. Bei der dynamischen Entwicklung, die der Wolf hinlegt, ist es interessant und wichtig zu wissen, wo sich die Wölfe ausbreiten

Wenn ihr nur in der Lüneburger Heide unterwegs seid, werdet ihr ganz sicher keine Bären sehen, außer, sie sind einem Zirkus entflohen und machen mit Python, Elefant und Tiger einen Ausflug. In Skandinavien, den Karpaten, in der Slowakei oder in Nordamerika hingegen ist es gut möglich, dass euer Weg euch an einem Bären vorbeiführt. Sogar in den Alpen leben Braunbären. Meistens werden sich die Tiere zurückziehen, wenn sie Menschen hören, sodass ihr sie gar nicht zu Gesicht bekommt. Der österreichische WWF hat ein Video zu dem Thema veröffentlicht, das anschaulich zusammenfasst, wie ihr euch verhalten solltet.

HACK 69: SICH EINEN BÄREN VOM LEIB HALTEN

Zunächst solltet ihr nicht ganz lautlos durch den Wald gehen. Im Gegenteil: Versucht nicht, Geräusche zu unterdrücken. So ist der Bär gewarnt und erlebt genauso wenig wie ihr eine böse Überraschung. Wenn ihr alleine seid, ist das schwieriger als zu zweit oder in einer Gruppe. Für den Bären gilt das Gleiche wie für Wölfe und Wildschweine: Wenn ihr campt, lasst kein Essen herumliegen, dass ihn anlocken könnte! Steht ein Bär auf eurem Weg, provoziert ihn nicht. Macht keine Fotos von ihm, auch wenn euch die Distanz noch sicher erscheint, Bären sind schnell! Schreit nicht und werft nichts nach ihm, ihr möchtet nicht, dass er sich angegriffen fühlt, dann würde er nämlich seinerseits angreifen. Das wäre ein Kampf, bei dem ihr kaum gewinnen könnt. Weicht, wenn ihr den Bären seht, langsam zurück. Wenn er trotzdem auf euch zuläuft, dazu noch schnaubt, rollt euch auf dem Bauch auf dem Boden ein, ähnlich der „Kindhaltung" beim Yoga, falls euch das etwas sagt. Das aufgebrachte Tier wird dann hoffentlich merken, dass ihr keinen Angriff startet, und von euch ablassen.

Es gibt ein Tier, das in Deutschland relativ häufig ist und das auch schon so einigen Wanderern zum Verhängnis wurde. Es ist groß und wuchtig, komischerweise haben die meisten Menschen dennoch keinen Respekt vor ihm und versuchen, es zu reiten oder schlimmer noch zu ärgern. Wir reden von der Kuh!

HACK 70: DIE ALMKUH UND DU

Meistens stehen die Kühe, die ihr in den Alpen trefft, auf Almen, durch die Wanderwege führen. Wir wissen nicht, weshalb, aber besonders gerne stehen Kühe auch mitten auf dem Wanderweg. Für euch bedeutet das, ihr müsst einen kleinen Umweg gehen. Stört die Kuh nicht, vor allem wenn Jungtiere dabei sind, versucht nicht, ein Selfie mit dem cuten Kalb zu schießen, sondern marschiert einfach weiter. Starrt die Tiere auch nicht an, sie könnten es missverstehen und sich angegriffen fühlen. Schnaubt eine Kuh und scharrt mit den Hufen, guckt, dass ihr ruhig, aber zügig zum nächsten Zaun kommt, um euch dahinter zu verdrücken. Der Deutsche Alpenverein rät auf seiner Webseite, der Kuh in einem solchen Fall nicht den Rücken zuzudrehen. Warnt andere Wanderer, die ihr trefft, vor der Kuh, und hört auch auf die Warnungen anderer.

Das wäre für den Anfang alles, was wir zu dem Thema zu sagen haben. Klar, es gibt noch Schlangen, Fledermäuse und vieles mehr. Doch ist die Chance, hier auf ein giftiges Exemplar zu treffen, verschwindend gering, sodass wir davon ausgehen, dass ihr mit unseren Tipps schon gut versorgt seid. Im nächsten Kapitel möchten wir euch erklären, wie ihr eine Tages- oder Mehrtagestour plant. Danach kriegt ihr noch erklärt, wie ihr euer ganzes Gear wieder auf Vordermann bekommt.

VOR DER TOUR IST NACH DER TOUR

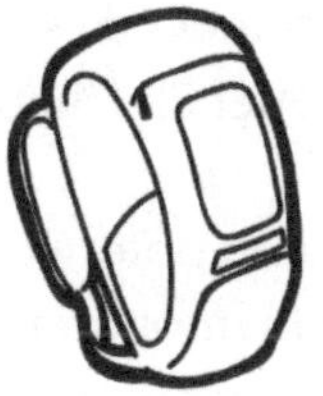

Richtiges Bushcrafting fängt für alle zu Hause an. Das gilt für den krassen Survivor-Aussteiger, der sowieso seit Jahren im Wald lebt, aber auch für euch, die ihr sicher nicht ganz so krass drauf seid.

VORBEREITUNG

Was ihr alles an Gear für eine Tagestour mitschleppen müsst und was ihr besser für eine Mehrtagestour einpackt, haben wir euch ja haarklein aufgelistet. Wenn es nun wirklich losgeht, solltet ihr euch ein paar Dinge überlegen, von denen die Länge eurer Unternehmung abhängt, aber vielleicht auch das Ziel.

WETTER UND VERKEHR

Ihr wolltet immer schon im Hunsrück wandern, in der Eifel oder in der Sächsischen Schweiz? Schön für euch, aber checkt vorher unbedingt das Wetter. Soll es das ganze Wochenende durchregnen? Stürmen oder gar gewittern? Dann sucht euch ein anderes Ziel. Gerade in Berglagen ändert sich die Wetterlage rasch, und ein Gewitter ohne ein festes Dach über dem Kopf zu erleben, ist nicht nur ungemütlich, sondern auch gefährlich. Dieser Tipp klingt so selbstverständlich, aber es ist schon erstaunlich, wie viele Leute an ihrem ursprünglichen Ziel festkleben, nur weil sie sich einmal dafür entschieden haben. Macht diesen Fehler nicht! Außerdem sollte ihr auf den Verkehr achten: Kommt ihr auch zu eurem Ziel? Oder ist dort Stau bei einer Baustelle angesagt? Oder die Zugverbindung fällt an dem Wochenende aus? Soweit ihr das in Erfahrung bringen könnt, achtet auf solche Dinge. Es macht keinen Spaß, mit gepacktem Rucksack gestrandet zu sein und erst so spät loswandern zu können, dass ihr euer Ziel nicht mehr erreicht.

Wenn ihr nur einen Tag lang unterwegs seid, kommt ihr mit eurem Proviant und euren Klamotten relativ leicht weg. Bei einer Tour, die euch mehrere Tage durch die Landschaft führt, solltet ihr euch vorher die entsprechenden Karten anschauen. Wo findet ihr Wasser? Wo führt euer Weg entlang? Wir haben euch ein paar Apps an die Hand gegeben, die es leichter machen sollten. Sorgt dafür, dass ihr auch, wo es geht, die Offline-Versionen aktiviert, Screenshots von wichtigen Informationen dabeihabt und eine oder mehrere Powerbanks. Der Empfang im Wald ist in Deutschland oft ein Problem, und wenn ihr zwar die App mit dem nächsten Hilfepunkt habt, sie aber nicht laufen mag, hilft euch das wenig. Schaut euch deswegen die Karten an, die Hilfepunkte und versucht, euch einzuprägen, welche Strecke ihr nehmt.

Fragt euch auch genau, hoffentlich noch bevor ihr viel Geld für Schlafsack, Hängematte und Tarp ausgegeben habt: Bin ich wirklich scharf darauf, draußen zu schlafen? So viel Leid kann mit der ehrlichen Antwort auf diese Frage abgewendet werden. Es ist völlig okay, bei einer Tour von Pension zu Pension zu wandern. Ehrlich.

REALISTISCH PLANEN

Wir haben oft den Rother-Wanderführer dabei, den es für alle Ecken und Enden der Welt gibt. Dort werden verschiedene Wanderungen aufgeführt mit einer Schwierigkeitsstufe, einer ungefähren Zeitangabe und ein paar anderen Details, ob man beispielsweise trittfest oder schwindelfrei sein sollte. Bei den beiden letzten Angaben solltet ihr euch auf jeden Fall daran halten.

Ihr könnt zu Hause schon kaum über die Balkonbrüstung schauen oder bekommt einen Schauder, wenn ihr in der Mitte einer breiten, leeren Treppe hinunterlaufen müsst? Dann spart die schwindelerregenden Touren bitte aus. Bei der Zeitangabe solltet ihr überlegen: Seid ihr eher die Schlenderer, oder marschiert ihr überall strammen Schrittes hin? Entsprechend müsst ihr Zeit dazurechnen oder könnt sie abziehen. Behaltet auch eure körperlichen Fähigkeiten im Blick. Vier Stunden über Stock und Stein kurz nach einer Knie-OP? Eher nicht!

Wenn ihr euren Rucksack packt, solltet ihr das, was ihr dauernd braucht oder was besonders schnell griffbereit sein soll, wie Regenjacke, Toilettenpapier oder Messer, nicht tief im Innern verbergen. Wer möchte schon, vom Schauer überrascht, das ganze Gepäck auseinanderrupfen und durchnässen lassen?

HACK 71: KLUG PACKEN

Packt das, was ihr am spätesten oder am seltensten braucht, ganz nach unten. Darauf eure Wechselwäsche und eure Waschtasche, darauf den Proviant, darauf den Kocher und darauf eure Regenjacke und das Klopapier. Wir sind immer dafür, andere Dinge wie das Saniset, Messer und andere Werkzeuge und Getränke in Pouches am Rucksack zu tragen oder in leicht zugänglichen Seitentaschen, weil ihr dort entweder sehr schnell oder sehr häufig rangehen müsst. Habt ihr größere Werkzeuge wie Sägen oder Äxte dabei, könnt ihr die auch an euren Rucksack hängen. Den Schlafsack, die Hängematte, die Isomatte und das Tarp packen wir gerne eingerollt auf den Rucksack drauf oder an den Rucksack dran. Vor allem die Isomatte sollte als Erstes zu fassen sein, damit ihr euch sofort ausbreiten könnt, wenn ihr ein lauschiges Plätzchen für eine Pause findet.

Außerdem solltet ihr nicht klammheimlich verschwinden, vor allem wenn ihr allein unterwegs seid. Wenn ihr stürzt, wenn euch etwas zustößt, wäre es doch schön, ihr würdet nicht nur vermisst, sondern auch gefunden.

Sagt euren Eltern oder euren Freunden oder euren Nachbarn, unseretwegen auch euren Arbeitskollegen Bescheid, wo ungefähr ihr im Wald zu finden sein könntet und wann sie euch zurückerwarten können. Ob sie sich das merken, ist eine andere Sache.

Was ihr euch auf jeden Fall merken solltet, ist, wo ihr euer Auto oder Rad abgestellt habt oder wo euer Zielbahnhof liegt. Ihr lacht jetzt und denkt, dass kann euch nicht passieren, dass ihr nicht mehr wisst, wo eure Karre steht. Aber wie oft ist euch das schon selbst in einem simplen Parkhaus so ergangen? Dass ihr nicht mehr wusstet, ob ihr auf P1 oder P2 wart? Und da sind die Etagen meistens noch farbig gekennzeichnet. Im Wald aber ist alles entweder grün oder herbstlich braun-rot oder kahl, da ist es umso schwieriger, eine Abzweigung von der nächsten zu unterscheiden.

HACK 72: PARKPLATZ MERKEN

Macht zur Not einen Screenshot von der Position auf eurem Handy und legt bei Google Maps eine Markierung an. Hauptsache, ihr wisst, wo es hinterher, wenn die Vorräte aufgefuttert sind, wieder zurückgeht. So eine vergebliche Autosuche kann euch das super gelungene Outdoor-Wochenende nachträglich vermiesen!

Wie oft habt ihr schon gesehen, dass wir etwas angefangen und dann doch unsere Pläne geändert haben? Nicht so häufig, oder? Ja, Leute, das ist YouTube. Da können wir etwas drehen und es online stellen oder eben nicht. Wir können uns etwas vornehmen und dann etwas ganz anderes machen. Entschuldigt bitte, falls wir euch hier auf den letzten Drücker die Illusionen rauben. Oft genug habt ihr aber schon mitbekommen, wenn uns etwas nicht gelungen ist oder wenn es zu kalt oder zu nass wurde, um vernünftig weiterzumachen.

WENN'S NICHT GEHT: VERSUCHT ES SPÄTER NOCH EINMAL

Mitunter muss man sich überwinden, Dinge zu tun, die einen weiterbringen. Mitunter aber gibt es auch ein Bauchgefühl, das euch sagt, weitermachen passt mir nicht. Versucht zu lernen, wann es sinnvoll ist, darauf zu hören. Versucht auch, euren Kopf einzuschalten, der euch beispielsweise sagt, es beginnt zu schneien, und ich habe nicht genug Ausrüstung dabei. Oder es ist zu heiß und die Waldbrandgefahr zu hoch. Dann traut euch auch, eure Tour abzubrechen. Oft ist der zweite Versuch der bessere Versuch.

NACHBEREITUNG

Wir haben euch so viele Tipps gegeben, welche Ausrüstung zu welchem Anlass nützlich sein kann, und wenn ihr euch auch nur ein Viertel davon angeschafft habt, ist das ordentlich ins Geld gegangen. Damit die schönen Anschaffungen nicht verlottern oder verloren gehen, sondern euer ganzer Stolz bleiben, haben wir ein paar Tipps gesammelt.

EINEN AUSRÜSTUNGSSCHRANK ZULEGEN

Wir geben zu, dass ein ganzer Schrank viel verlangt ist. Es ist auch okay, wenn ihr mit einer Schublade oder einem Fach im Schrank oder einer Truhe im Keller beginnt. Wenn ihr aber ansatzweise drauf seid wie wir, dann wird es doch irgendwann der Schrank werden. Sortiert am besten gleich ein paar alte Klamotten aus, damit ihr dafür Platz habt. Scherz beiseite, es erfüllt uns nicht nur mit Freude und Besitzerstolz, wenn wir unseren Ausrüstungsschrank öffnen. Es ist vielmehr unglaublich von Vorteil, alles an einer Stelle zu lagern. So haben wir immer im Blick, wo welches Teil vom Gear ist, und müssen nur zugreifen, wenn wir rausgehen. Stellt euch vor, ihr müsstet das Outdoor-Besteck aus der Küchenschublade kramen, den Rucksack aus dem Keller und die Taschenlampe aus der Kommode im Flur. Sucht euch dreimal so hoch kompliziert eure Ausrüstung zusammen, und wir schwören euch, ihr werdet immer etwas vergessen und am Ende auch keinen Bock mehr auf den Akt haben. Deswegen: Lagert alles, was ihr für eure Bushcrafting-Abenteuer braucht, an einem Ort. Die Taschenlampe neben den passenden Batterien, eure Wandersocken und das Saniset mit den Blasenpflastern. Ihr versteht das Prinzip, oder?

BESTECK LAGERN

Wie wir gerade sagten, ergibt es gar keinen Sinn, das Campingbesteck und -geschirr in der Küche aufzubewahren. Nehmt eine durchsichtige Plastikkiste, und legt hier alles hinein, was ihr für die Campingküche braucht. Wenn ihr besonders motiviert seid, schreibt oder druckt ein Etikett, und klebt es vorne auf die Kiste, et voilá da habt ihr alles beisammen. Ein Kniff, um alles schön rostfrei zu lagern, ist, die Silikontütchen aufzubewahren, die in jedem Schuhkarton beim Sneakerkauf liegen. Sie binden die Feuchtigkeit und sind deswegen viel zu nützlich, um wegzuwerfen.

HACK 73: VERHARZTE MESSER SAUBER KRIEGEN

Zugegeben, es wird nicht häufig vorkommen, dass ihr mit verharzten Messern nach Hause kommt. Vielleicht wart ihr auf der Suche nach Zunder, vielleicht hattet ihr einfach Pech. Keine Sorge, nichts muss ewig klebrig bleiben, denn Harz ist fettlöslich. Träufelt Speiseöl, das ihr sowieso dahabt, auf ein Stück Küchenrolle und reibt die dreckigen Messer damit ab. Ihr werdet sehen, das Harz verschwindet, eure Probleme sind gelöst.

Wir predigen immer, dass ihr die Messer schön scharf halten solltet, aber erstens sind unsere zum Teil auch ganz schön räudig, und zweitens: Wer hat bitte Zeit und Muße für so etwas? Geht doch noch, denken wir viel zu oft. Aber tatsächlich ist ein scharfes Messer wirklich ein Sicherheitsgarant. Mit einer stumpfen Klinge hackt ihr herum und rutscht ab, sehr uncool. Deswegen gehört das regelmäßige Schärfen der Messer unbedingt zum Bushcraften dazu. Für das schnelle Schärfen auf Tour gibt es beispielsweise von Victorinox den **Taschenschärfer**. Kostet etwa zwölf bis 13 Euro und wiegt nichts, also 40 Gramm. Wenn es aber ans ordentliche Schleifen eurer Bushcraft-Messer geht, solltet ihr euch einen **Wasserschleifstein** zulegen.

HACK 74: MESSER EASY SCHÄRFEN

Legt den Wasserschleifstein in eine Schüssel mit Wasser, und wartet, bis keine Blasen mehr heraustreten. Wahrscheinlich fragt ihr uns jetzt, welchen ihr kaufen sollt und was mit der Körnung ist. Hier wieder: Kauft nicht den billigsten, investiert lieber ein paar Euro mehr, dann hält euer Stein ewig, und ihr habt länger Freude daran. Außerdem sollte euer Stein zwei Seiten haben, eine grobe und eine feinere. Das heißt, ihr habt in etwa eine Körnung von 1000 und 4000, könnt aber auch ein wenig darüber oder darunter gehen. Legt euren Stein mit der groben Seite nach oben auf eure Arbeitsfläche. Nun schiebt ihr das Messer mit dem Rücken zu euch und der Klinge von euch weg. Dann zieht ihr das Messer in einem schönen Halbkreis von euch weg, damit die ganze Länge der Klinge geschliffen wird. Macht das viermal auf der einen und viermal auf der anderen Seite. Wenn ihr merkt, dass sich das Metall etwas aufgeraut hat, dreht ihr den Stein auf die feinere Seite und wiederholt das Prozedere mit sanftem Druck. Zieht es danach über einen Ledergürtel oder unseretwegen über euren alten Ledertornister und gut ist. Viel Spaß beim Schnitzen!

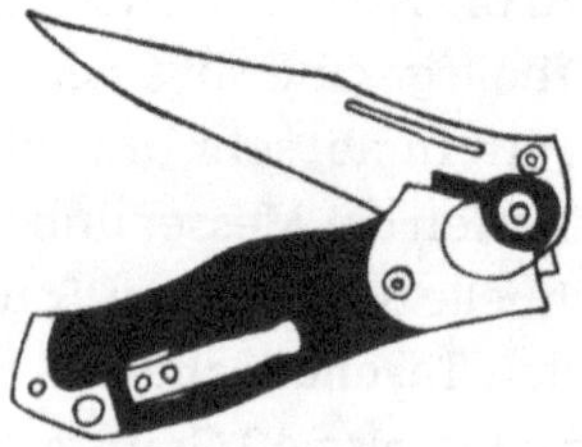

IMMER SCHÖN AUF DIE FINGER ACHTEN!

HACK 75: VERKOHLTE TÖPFE SÄUBERN

Ein Lagerfeuer ist kein Induktionsherd, manchmal ist die Hitze stark, und das Essen brennt an. Deswegen sagen wir immer: Rühren, rühren, rühren. Solltet ihr trotz unserer Warnung mit schwarzen Töpfen nach Hause kommen, schüttet eine Packung Backpulver hinein, eine Tasse Essig, am besten den günstigen und keinen teuren italienischen. Lasst diese Pampe über Nacht einwirken, am nächsten Morgen werdet ihr alles mit einem Schwamm entfernen können. Hartnäckige Flecken lassen sich mit Stahlwolle entfernen.

HACK 76: FLASCHEN REINIGEN

Dieses Wundermittel, das sich Backpulver nennt, könnt ihr auch für eure Flaschen benutzen. Lasst sie hin und wieder über Nacht damit einweichen, und hartnäckige Verkrustungen sollten sich lösen. Das geht übrigens auch bei Flaschen, die ihr zu Hause für den Wasseraufsprudler benutzt.

Nichts ist nerviger, als mit nassen Füßen durch die Gegend wandern zu müssen. Wenn es nicht gerade Hochsommer ist, werdet ihr ziemlich kalte Füße bekommen. Deswegen achtet auf euer Schuhwerk.

HACK 77: SCHUHE GANGBEREIT HALTEN

Wenn ihr von einer Wanderung nach Hause kommt, lasst die Schuhe trocknen, und bürstet sie danach kräftig ab. Alle paar Monate könnt ihr sie auch mit einem Imprägnierspray eindieseln, so bleiben sie wasserabweisend.

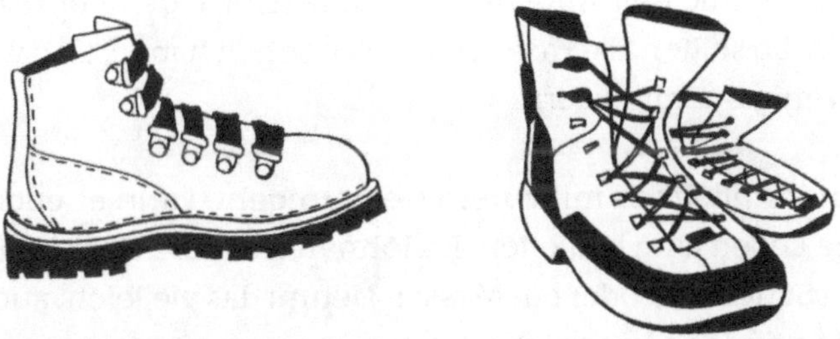

Unsere Sachen stinken, wenn wir aus dem Camp kommen, so oft nach Lagerfeuer, das ist krass. Die Klamotten können wir waschen, ein Problem ist jedoch der Rucksack, den man meistens nicht in die Waschmaschine stecken sollte.

HACK 78: STINKIGEN RUCKSACK BEHANDELN

Wenn ihr euren Rucksack nicht waschen könnt, versucht, ihn ein paar Tage mit Trocknertüchern stehen zu lassen. Das sind kleine, parfümierte Tücher, die ihr im Drogeriemarkt bei den Weichspülern findet.

Einer der teuersten Gegenstände beim Bushcrafting sind nicht die Messer oder der Kocher, sondern eure Schlafsäcke. Wenn ihr lange Freude an ihnen haben möchtet, lasst sie nicht in ihren Hüllen verrotten.

HACK 79: SCHLAFSACK LÜFTEN UND LAGERN

Vor allem wenn ihr euch für einen Daunenschlafsack entschieden habt, solltet ihr ihn rasch nach eurer Rückkehr aus dem Beutel nehmen, ausschütteln und auslüften lassen. Davon profitieren auch alle anderen Schlafsäcke. Am besten stopft ihr euer Gear auch nicht wieder zurück in den Beutel, sondern legt es über einen Kleiderbügel und hängt den Schlafsack in euren Ausrüstungsschrank. Falls ihr eine Schublade habt, legt ihr dort locker hinein. So sollten alle Fasern die Gelegenheit haben, sich wieder ein wenig aufzuplustern.

Wenn ihr pfleglich mit eurem Gear umgeht, kann es euch das ganze Leben lang begleiten. Da lohnen sich fünf Euro mehr für einen Schlafsack oder ein Messer. Nehmt das vielleicht auch als Lektion für das Leben mit. Komisch, wenn so etwas von uns kommt, die wir noch relativ jung sind, aber wir haben, wie ihr wisst, Erfahrung ohne Ende gesammelt.

OB SURVIVOR ODER WALDBADER – IHR HABT NUN DAS ZEUG ZUM NATURENSOHN ODER ZUR NATURENTOCHTER

So etwas wie uns gab es immer schon. Zwei Jungs, die rausstiefeln, auf dem Feld oder im Wald basteln, bauen und dabei irren Spaß haben. Wir sind davon überzeugt, dass die Römer solche Freundschaften kannten, und bestimmt waren auch die alten Griechen nicht immer schon alt, sondern manchmal auch ganz schöne Schlingel. Im Mittelalter war die Kindheit kurz, aber Wald ohne Ende vorhanden. Was neu an unserer Zeit ist, dass ihr uns bei unserem Spaß, bei unserer Verzweiflung, der Erschöpfung und der Ekstase, wenn etwas gut klappt, zusehen könnt, weil wir das gerne mit euch teilen. Dafür, dass ihr daran Interesse habt und uns unterstützt, sind wir immer wieder aus tiefstem Herzen dankbar. Ihr gebt uns die Chance, auch als Erwachsene unsere kindlichen Träume vom eigenen Lager, der Bude im Wald und ordentlichem Werkzeug wie Axt und Säge auszuleben. Wir haben dieses Buch für alle von euch geschrieben, die auch Bock auf das Ausleben dieser Träume haben. Klar ist, dass nicht jeder die Möglichkeit bekommt, das Bushcrafting auf dem Level zu betreiben wie wir, Fritz Meineke oder Vanessa Blank.

Aber hiermit möchten wir euch ein erstes Rüstzeug für kleine Bushcrafting-Abenteuer geben. Es soll euch Lust machen, in den Wald und über Wiesen zu gehen, das kuschelige Zuhause für ein paar Stunden oder Tage zu verlassen. Der wichtigste Rat, den wir euch geben können, ist auch: Es ist okay, Feuer und Flamme zu sein, wie wir ein riesiges Bauprojekt nach dem anderen anzugehen. Aber es ist auch okay, wenn es euch einfach nur reicht, ein paar Blümchen anzuschauen. Es gibt in dieser Beziehung kein Richtig und kein Falsch, lebt einfach aus, auf was ihr Lust habt.

Wir hoffen, dass wir euch neben ein paar nützlichen Tipps auch vermitteln konnten, worum es uns persönlich beim Bushcrafting geht. Nämlich nicht um den Rekord, wer bei eisigerer Kälte noch länger draußen bleiben kann. Wer noch weiter wandert oder eine Zeitlang krass reduzierter leben kann. Für uns beide ist das persönlich auch so ein Freundschaftsding. Wir haben in unseren paar Jahren so viel zusammen erlebt, das hat uns total zusammengeschweißt. Und jetzt seid ihr sogar noch dabei. Wir finden einfach gut, wenn ihr aus euren Wohnungen herauskommt, an der frischen Luft seid und wie wir Spaß habt. Am Bauen, Feuermachen, Schnitzen und dabei, die Natur zu beobachten. Wir sind immer nur Besucher in der Natur, so verhalten wir uns und möchten euch auch diesen Respekt vor Mutter Erde mitgeben.

Wir sind so ungemein glücklich mit unseren Zuschauern, ihr seid eine irre Community, die uns den ganzen Wahnsinn erlaubt, das ist echt crazy. Ihr motiviert uns, Neues auszuprobieren, alte Hacks noch einmal neu zu starten, oder bringt Challenges ins Spiel, die uns tatsächlich herausfordern. Deswegen möchten wir das Buch mit einem dicken fetten „Danke" abschließen.

EXTRA TIME: UNSERE OUTTAKES – WAS DU AUS UNSEREN FEHLERN LERNEN KANNST

Wir schreiben dieses Buch ja nicht allein, um euch allerlei nützliches Wissen an die Hand zu geben. Nein, ein bisschen möchten wir euch dabei auch unterhalten. Und was ist unterhaltsamer als heimliche Schadenfreude? In diesem Extrakapitel möchten wir euch zeigen, wie die Dinge auch mal schieflaufen können. Also gönnt euch ein paar Lacher auf unsere Kosten.

Fangen wir mit dem an, was ihr alle sicher schon mitbekommen habt. Den Sturz unserer Kamera ins kalte Wasser. Es war im Winter 2021, als man außer draußen rumhängen nicht viel anderes tun konnte. Gerrit und ich waren mit unserer wirklich geilen Kamera, die ordentlich Asche gekostet hat, am Kanal in Berlin und wollten ein Video übers Magnetfischen drehen. Dafür wirft man einen starken Magneten ins Wasser und guckt, was dabei rauskommt. Dafür braucht man übrigens eine Genehmigung, weil in Deutschland auch mitunter alte Kampfmittel aus dem Zweiten Weltkrieg gefunden werden, also nicht einfach nachmachen! Wir fanden, abgesehen von der Möglichkeit, von jahrzehntealtem Sprengstoff in die Luft geblasen zu werden, wäre das eine interessante Abwechslung zum Werkeln im Camp und würde uns bestimmt Spaß machen. Es war aber vor allem eins, nämlich saukalt. Uns froren unsere Nasen weg und unser Verstand auch. Trotzdem wollten wir ein cooles Video für den Kanal produzieren – mit richtig guten Bildern, auf denen man sowohl das Ufer und uns sieht als auch den Kanal und was wir dort herausfischen würden. Deswegen haben wir die Kamera nah am schrägen Ufer aufgestellt und nicht bedacht, dass eine steife Brise wehte. Schwups lag unsere 8 000-Euro-Kamera im eiskalten und vor allem trüben Wasser. Was für ein Abfuck! Wir sahen sie nicht, die Speicherkarte mit dem Filmmaterial war verschwunden, und wir kamen uns vor wie die letzten Idioten. Zu allem Überfluss fing es noch an zu schneien. Es war ein Elend.

Unser Glück war, dass der Sondengänger Max vom YouTube-Kanal „Gebrüder Langer" von Zuschauern auf unser schlimmes Schicksal aufmerksam gemacht wurde und am nächsten Tag vorbeikam, um uns zu helfen. Das war so krass, denn irgendwelche Leute haben ihm Bescheid gesagt, er hat sich bei uns gemeldet, war megahilfsbereit und nett. Wir standen am Kanal, absolut fertig mit den Nerven, während Max für uns in dieses trübe, kalte Wasser stieg und tatsächlich die Kamera mit Stativ bergen konnte. Leider war das Gear da schon völlig im Arsch, die Speicherkarte ging aber noch, sodass wir das Video noch hochladen konnten. Am allergeilsten war aber, dass wir durch unsere Doofheit einen neuen Freund gefunden haben. Was lernt man daraus?

HACK 80: KAMERA ORDENTLICH AUFSTELLEN

Wenn ihr euch selbst mit einem Stativ filmt, achtet darauf, dass es stabil steht. Wo kippt es hin, wenn es doch umfällt? Ins Wasser, ins Feuer, ins Klo oder einen Abhang hinunter wäre schlecht. In dem Fall solltet ihr es einen Schritt vom Wasser, vom Feuer, vom Klo oder vom Abhang wegrücken.

Das war rein finanziell die größte Katastrophe in unserem Leben. Alles andere verblasst ein wenig dagegen, aber vom Lebensumstand her sehr ungemütlich war auch der Campingurlaub von Andy und Begleiterin am Bodensee im Sommer 2020. Im verregneten Sommer 2020.

Für diesen Campingurlaub wollte Andy schlau sein und sich mein Zelt leihen. Ein schönes, dunkles Zelt von Decathlon, mit dem ich sehr zufrieden bin. „Pass darauf auf", raunte ich Andy zu, der nickte und damit zum Bodensee entschwand. Schon bald zeigte sich, dass die Sommerwoche, die Andy sich ausgesucht hatte, eher durchwachsen war. So wettermäßig. Anders gesagt: Es hat tagelang durchgeregnet. Das wäre an sich noch nicht so schlimm gewesen. Leider hat Andy bei einem ausgedehnten Toilettenbesuch die Klappe nicht wieder zugezogen, so ein Reißverschluss kann einem auch wirklich im Wege sein, wenn man schnell mal muss. Der Wind hat sie aufgeblasen und der Regen alles unter Wasser gesetzt. War jetzt nicht so geil.

Aber diese Malheurchen gehören dazu. Wo gehobelt wird, fallen Späne, sagt man immer, und wer produziert bitte mehr Späne als wir? Also machen wir uns nicht verrückt, wenn etwas schiefgeht!

Wir schauen in die Zukunft und denken daran, wie es weitergeht. Und das ist dann auch wirklich der letzte Tipp, den wir euch mitgeben können:

Seid optimistisch, und freut euch aufs nächste Abenteuer!

MATERIAL ZUM NACHSTÖBERN

Ergänzend zu den Erklärungen im Buch findest du hier ein paar unserer Videos – die QR-Codes führen dich direkt zum jeweiligen Film.

S. 59: KACKEN IM WALD

S. 67: DIY HOBO KOCHER

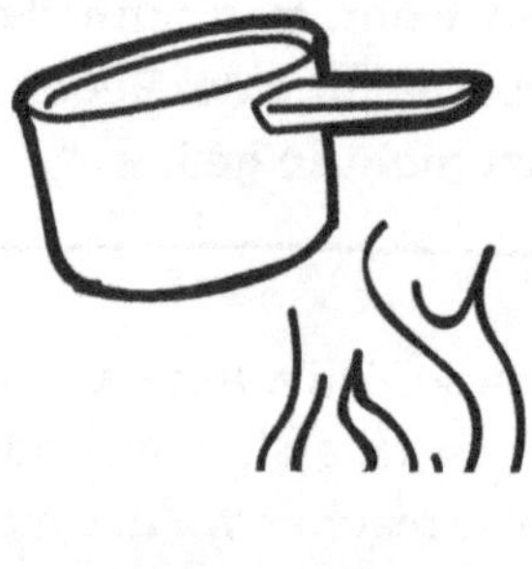

S. 68: HEUHÄHNCHEN IM DUTCH OVEN

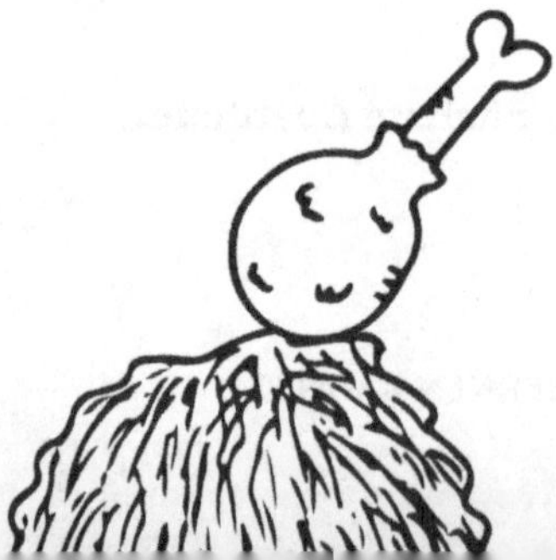

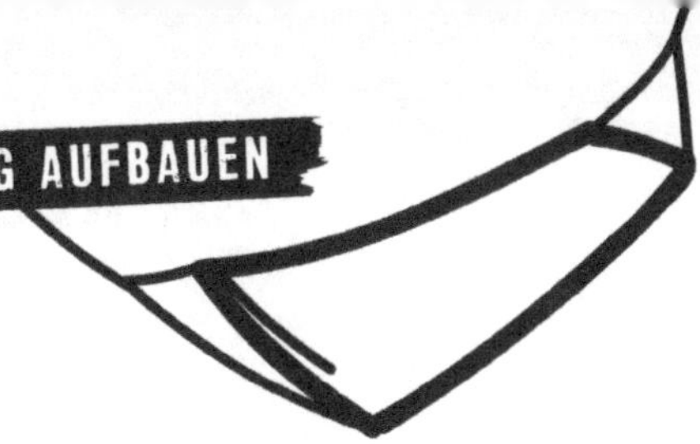

S. 80: HÄNGEMATTE RICHTIG AUFBAUEN

S. 125: TOP 4 BUSHCRAFT-KNOTEN

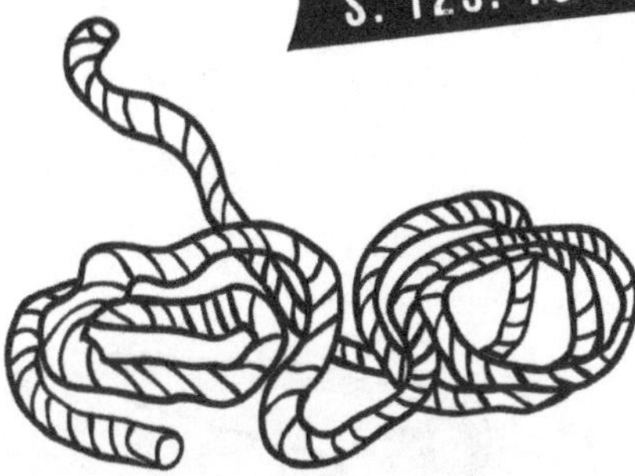

S. 145: MESSERTEST TEUER VS. GÜNSTIG

S. 149: LEHMOFEN BAUEN

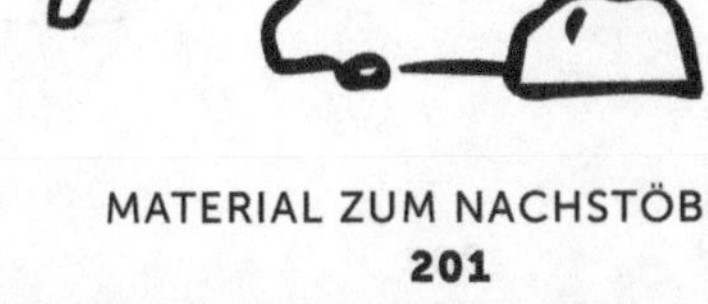

REGISTER

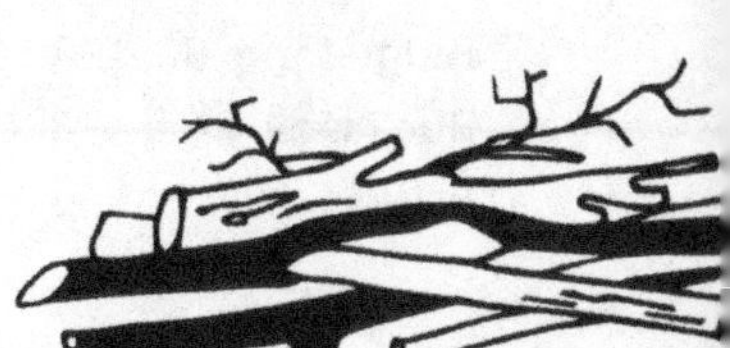

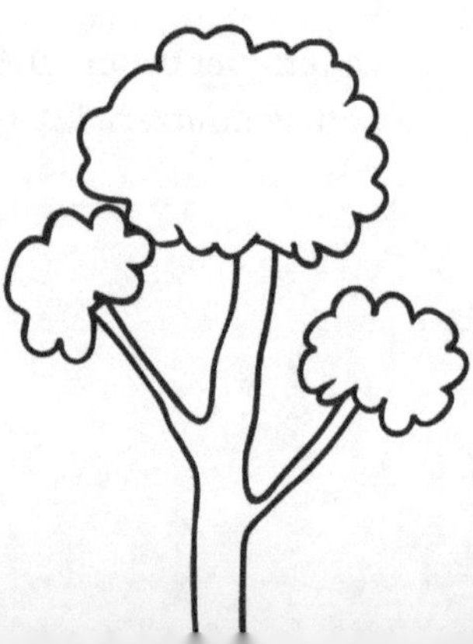

S

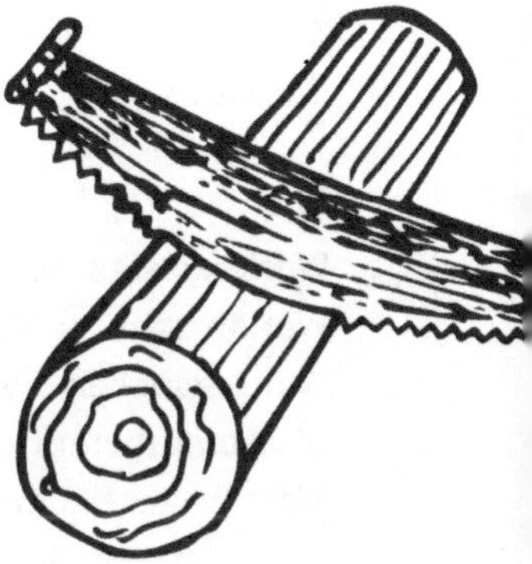

T

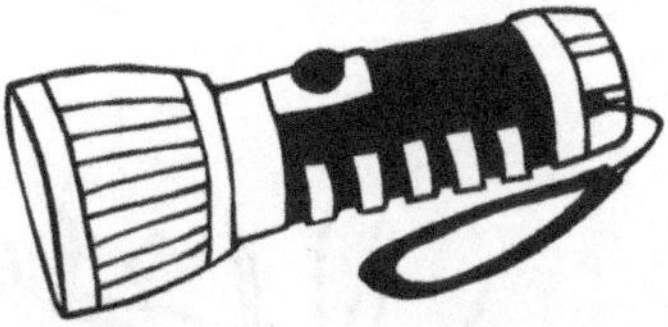

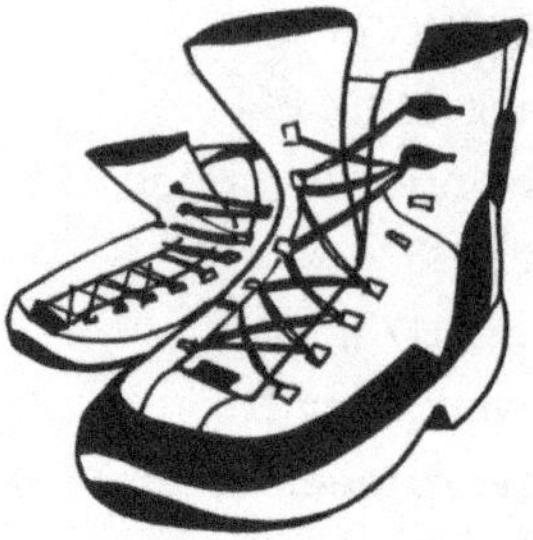

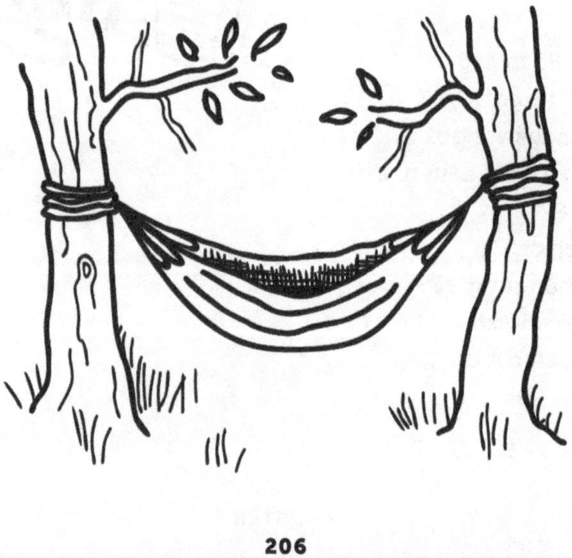

BUCH-EMPFEHLUNG

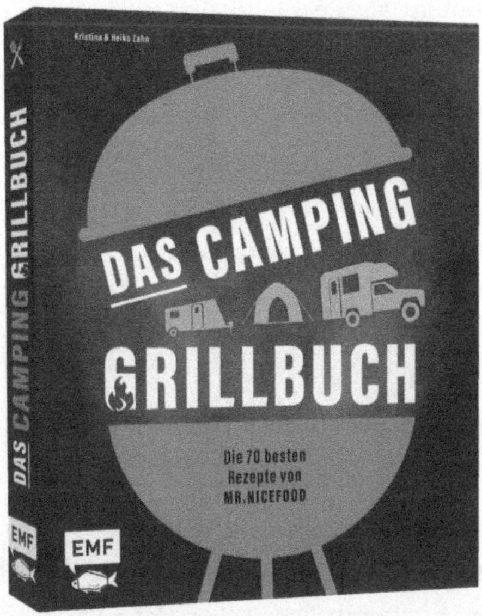

Das Camping-Grillbuch –
Die 70 besten Rezepte von @mr.nicefood
978-3-7459-0915-9
€ 22,00 (D) / € 22,70 (A)

MIX
Papier aus verantwortungsvollen Quellen
FSC® C014496

echtEMF ist eine Marke der Edition Michael Fischer

1. Auflage

Originalausgabe

Covergestaltung: Silvia Keller, unter Verwendung eines Motivs von Philipp Messinger, MessingerDesign GbR

Redaktion: Natalie Tenberg

Bildnachweis: ©Philipp Messinger, MessingerDesign GbR/S. 4; ©Pia von Miller/S. 50, 85, 126-130, 151; Shutterstock ©Dn Br/S. 110; Shutterstock ©GoShiva/S. 174; Shutterstock ©L.Rey/Umschlag, S. 11-13, 31, 67, 111-113, 192, 193, 202, 203, 206

Layout/Satz: Silvia Keller

Gedruckt bei GGP Media GmbH, Karl-Marx-Straße 24, 07381 Pößneck

ISBN 978-3-7459-0992-0

www.emf-verlag.de